ああ、監督

——名将、奇将、珍将

野村克也

JN264748

角川oneテーマ21

目次

第二章　私が見た「名監督」たち　55

第三章　間違いだらけの監督選び

まえがき

監督には四つの敵がいる

男が憧《あこが》れる職業には、「三つある」といった人がいた。

「ひとつは連合艦隊司令長官。ひとつはオーケストラの指揮者。そしてもうひとつがプロ野球の監督である」と――。私自身はどれかになりたいと思ったことはないし、はじめのふたつの仕事がどんなものであるかさえ、よく知らない。

だが、プロ野球の監督という仕事についてはその内情を知り尽くしている。その私がつくづく感じたのは、こういうことだ――「プロ野球の監督は、生半可な気持ちで務まるものではない」

巨人軍（読売ジャイアンツ）、西鉄ライオンズ（現埼玉西武ライオンズ）、そして大洋ホエールズ（現横浜ベイスターズ）という三つのチームをいずれも日本一に導いた名将・三《み》原脩《はらおさむ》さんは、「監督には三つの敵がある」と語ったという。いわく「選手」「オーナー」「ファン」である。そして、この三つの敵に負けたとき、プロ野球の監督は敗北すると考えていたそうだ。

私も同感である。

では、一番目の「選手が敵」とはどういう意味か。

「敵」という表現は適当でないかもしれないが、監督と選手の要求とは常に相反するものである。

どんな監督にも「こういう野球がしたい」というビジョンがある。それを実現するためにそれぞれの選手をうまく配置して役割を分担させ、戦略・戦術どおりに動かそうとする。それが監督の大きな仕事であるのだが、選手は思いどおりには動いてくれないのが常なのだ。

というのは、監督がチームという組織を第一に考えるのに対して、選手はどうしても自分のことを中心に考える。よしんばチームのことを優先できたとしても、監督の意図が理解されるまでには時間がかかる。まして最初はそうかんたんには結果が出ないから、監督に対する不信感も次第に芽生えていく。

監督の狙いどおり、指示どおりに選手たちを動かすには、それに負けずにミーティングなどを通して監督の野球観を選手が理解するまで説き続け、「この監督についていけば必ず勝てる」と信じこませなければならないのだ。

そのためには野球に関する知識はもちろんのこと、人格や言動、社会的常識などすべての面で選手に劣るようであってはいけない。監督は敵と戦う前に自軍の選手たちといわば毎日勝負しなければならないのである。

それが「敵」という意味である。

また、チームという組織が存在する以上、なかには必ず不満分子というものが出てくる。とくに控えに甘んじている選手は、「試合で使ってくれないのは監督やコーチに嫌われているせいだ」とか「自分は悪くない」と考え、ことあるごとに不平不満を口にする。

それがほかの選手にも伝われば派閥ができ、そこからチームは崩壊してしまう可能性もある。

団体競技というものは、団結力・協調性をもたせチームがひとつにまとまっていなくては機能性もなく絶対に勝てない。だから監督は、不平不満を口にする選手に対しても、

「使われないのは力が足りないからだ」ということを自覚させるとともに、モチベーションを引き出し、「チームのために全力を尽くそう」と思わせなければならないのだ。

監督のふたつ目の敵とされる「オーナー」は、実質的な球団のトップである球団社長も含めていいだろう。

プロ野球チームの盛衰は、オーナーや球団社長の姿勢や考え方に大きく影響されるというのは想像に難くないと思う。監督の考え方を充分に理解し、補強や人事面において適切なサポートを行い、かつ現場の全権を監督にまかせるというオーナーがいれば、チームは監督の能力次第で確実に強くなる。

私が弱小だったヤクルトスワローズ（現東京ヤクルトスワローズ）を日本一に導くことができたのは、当時の桑原潤《くわはらじゅん》オーナーと相馬和夫《そうまかずお》社長のバックアップがあってこそだった。

相馬社長から監督就任を要請されたとき、私は訊《たず》ねた。

「一年目は土を耕す。二年目に種を蒔《ま》いて、それを育て、三年目に花を咲かせます。それまで待ってくれますか？」

「すべてまかせます。好きにやってください」

相馬社長はそういってくださった。

ヤクルト球団の関係者は必ずしも全員が私を適任だと考えていなかったらしいが、補強や人事についても全面的協力があり私の方針に従って、サポートいただいた。おかげで私は、周囲の雑音に煩わされることなく、自分の信念に基づいてチームづくりができたし、采配《さいはい》をふるえた。だからこそ四年目には日本一となり、以降も決して悪くはない成績を残すことができたのである。相馬社長の英断がなければ、そしてそれを認めて任せてくれた桑原オーナーがいなければ、あれほどうまくことは運ばなかったに違いない。

このようなオーナー（社長）のもとなら、監督は持てる力を存分に発揮することができるのだが、現実にはそんなオーナーはめったにいない。むしろ、たいがいは逆である。

どこかの球団のように監督の交代を「グループ内の人事異動」とみなしたり――したがっておぼえめでたい人物を、能力を無視して監督に据える場合もある――チームに対する愛情はあるのだろうが、金は出さないのに口を出したり、あるいはまったく無関心だったり……他に仕事をかかえているせいもあって情熱が分散している。そんなオーナーが多いのが現状なのだ。

三原さんは「敵を籠絡《ろうらく》せよ」と語ったそうだが、つまり監督は自分がやろうと思っていることをやれるよう、オーナーをも自分の城に導かなければならないと考えていたようだ。
その点で私が思い出すのが、阪神タイガースの久万俊二郎《くましゅんじろう》オーナー（当時）に直談判《じかだんぱん》した
ときのことだ。
阪神の監督になって二年目の夏。孤立無援の状態だった私は、辞意を伝えるために久万
さんと会合を持った。久万さんが慰留したので、「それなら——」と私はオーナーにこう
いったのだ。
「球団の心臓部は編成部ですよ」
「チームが低迷すると監督ばかり代えていますけど……」
「十年近く低迷した原因は編成部にある」
「争奪戦になるとすぐ降りる体質、即戦力のアマチュア選手は簡単に存在しない」
「阪神が低迷している原因は、オーナーにもあります。組織はリーダーの力量以上に伸び
ないという原則論があります」
当時の阪神は、〝監督を代えるだけでチームは強くなる〟と考えていた。
だから、金銭面や人事面での援助には消極的で、結果が出ないと短いケースでは一年で
監督を更迭するということが繰り返されていた。「口は出すが、情熱は見せない」の典型

だったのである。

幸い、オーナーは私のいうことを理解してくれ、以降の阪神は補強や人事も含めて、現場が野球に集中できる環境の整備に力を入れるようになった。阪神が星野仙一《せんいち》のもとで優勝を果たし、以降もつねにAクラスをキープできる強豪に生まれ変わったのは、オーナー以下球団の考えが大きく変わったことが大きいと私は思っている。


かつて三原さんは、「監督にとってファンは敵である」ということを、「監督はスタンドとも勝負する」という名言で表現したが、私も次のように思っている。

「ファンほど強力な味方はないが、同時にファンほど恐ろしい敵もいない」

ファンは当然、監督に勝つことを要求する。しかも、往々にしてすぐに結果を出すことを求める。勝てば神様のように扱ってくれるが、負ければボロカスにいわれる。とりわけ人気チームの監督は、じっくりチームをつくるだけの時間と余裕が与えられないのだ。その悲哀を、私は阪神での三年間でいやというほど味わった。

とはいえ、そんなことは監督が毅然《きぜん》としていればいいだけの話だ。確固たる信念を持ち、そうした雑音など無視してチームを鍛え上げればいい。

私がいう「ファンが敵である」という意味は、ファンがとかく選手を甘やかし、勘違いさせてしまうところにある。さらに二流選手がヒーローになってもスポーツ紙の一面をシンショウボウダイに取り上げる。とくに人気チームにそれが顕著である。

子どもに愛情を注ぐ親は、一歩間違うと過保護になる。それと同じで、チームに強い愛情を感じているファンは、選手を甘やかしてしまうのだ。とりわけ巨人や阪神のような人気チームの選手は、そこに所属しているというだけでファンからちやほやされる。それなりに人格のできあがった選手ならかまわないが、若く、実力が伴わないうちからそんな扱いを受ければ、「自分はスターなんだ、特別なんだ」と勘違いしてしまう。

そうなれば、それ以上努力することを厭《いと》うようになるし、野球に対する取り組みや考え方に甘えが出るのもしかたがない。

そこで監督としてはそういう選手を起用しなくなるわけだが、さらに悪いことには、勘違いしてしまった選手は、「ファンがスターとして認めてくれる自分を使わないのは、監督の評価が悪いからだ」「監督に嫌われているからだ」などと思ってしまうのだ。結果、ふてくされたり、反抗的な態度をとったりするようになるのである。その意味で「ファンほど恐ろしい敵もいない」のだ。

マスコミと監督

三原さんは以上の三つを「監督の敵」として考えておられたようだが、私が一番困ったのは「メディア」である。

というのは、ときとして事実とは異なる報道をされたり、監督の真意を曲解して伝えられたりすることがあるからだ。その結果、選手に疑心暗鬼を起こさせ、監督に対する信頼を失わせたり、チーム内に動揺が走ったりする可能性があるわけである。

そのため、昔から監督はそれぞれのやり方でメディアを懐柔しようとした。

たとえば南海ホークス（現福岡ソフトバンクホークス）を率いていた鶴岡一人《かずと》さんは、いかにも〝親分〟と呼ばれた指揮官らしく「あんたたちもわしらと運命共同体や」といって〝一家〟に引き入れ、厚遇したし、阪神の監督だったころの藤本定義《さだよし》さんは、キャンプ地の安芸《あき》から担当記者たちの家に名産品を送り、記者の奥さんたちまで味方に引き入れたという。

星野仙一も阪神監督就任の際には各社を訪れて「ともに戦おう」と〝共闘〟を呼びかけ、キャンプ前には再建策をレポートにまとめることを依頼。キャンプでは記者たちと朝食をともにしたそうだ。

逆に、よけいな情報を流させないために、メディアをシャットアウトした人もいた。巨人の監督として前人未到の九連覇を達成した川上哲治《かわかみてつはる》さんである。川上さんは、キャンプ中に〝哲のカーテン〟と呼ばれることになる取材規制を行った。

かつてのキャンプは、いまのように記者といえども決められた場所から練習を見学し、話を聞く場合も場所や時間が決められていたわけではなく、いつでも自由に取材できるようになっていた。それを川上さんは禁止したのである。

「練習中に話しかけられたり、取材されたりすると、気が散って集中できない」

そう考えたからだ。川上さん自身も、ふだんから記者が気軽に話しかけられない雰囲気を醸し出していた。

私はといえば、そこまではしていないし、する必要があるとも思わない。ファンあってのプロ野球である。人気のない南海ホークス育ちの私としてはマスコミの影響の大きさは選手時代にいやというほど味わってきた。事実、練習時などではいつも記者たちを相手に情報提供しているし、メディアを利用することで、選手に気づきを与え、発奮させるとともに、ファンの注目を東北楽天《らくてん》ゴールデンイーグルスというチームに向けさせるひとつの手段としても利用している。それもファンサービスだと考えているからである。メディアというものは、監督にとって功が多いのも事実なのである。

ただ、そんな私でもあらためてメディアの恐ろしさを心底実感したことがある。これも阪神時代の話だ。ご承知かもしれないが、関西のスポーツメディアは、「阪神一辺倒」だといっていい。スポーツ紙の一面は、ほかにどんなことがあろうと、シーズン中はもちろん、オフであろうとほぼ確実に阪神の記事が飾る。

それはまだいいのだが、関西のメディアがタチが悪いのは、選手の批判はあまりしないという点にある。いやなことを報道して取材拒否をされればおまんまの食い上げ。したがって、選手に対してほめておだてる記事が多い。そうなると「ファンが敵」の論法と同じく、選手が勘違いすることになる。つまり、選手の正しい自己評価ができないことになる。

さらに問題がもうひとつある。選手の批判ができないとなると、メディアの矛先が向くのはどこか。監督、そしてフロントである。私も盛大に集中砲火を浴びた。私にかぎらず、阪神の監督はいつもそういう目に遭い、チームをつくることができなかった。それが阪神の低迷を招いた大きな原因だと私は思ったものだ。

阪神の場合は特殊なケースといえるかもしれないが、人気チームの監督は多かれ少なかれ同じ状況を抱えている。なにかのきっかけでメディアの怒りを買ったり、不興を招いたりすれば、厳しい批判や中傷にさらされる。まさに阪神は〝勝てば官軍〟の典型的なチームである。

あの川上さんでさえ、〝哲のカーテン〟がメディアの反発を買ったことで「川上野球はおもしろくない」と痛烈な非難を浴びた際には、信念がゆらぐことがあったという。そのときの心境について、川上さんは語っている。

「はじめは気にしなかったが、執拗《しつよう》にやられると、いつしか〝おれの野球は間違っているのだろうか〟と思うようになる」

プロ野球における監督という仕事は、たんに相手チームと戦えばいいというものではない。数々の難敵とも戦わなくてはならないのである。そして、その戦いはときに壮絶を極め、敗北すれば仕事を失うだけでなく、人格まで否定されかねない。

だから、プロ野球の監督は、〝あぁ、監督〟なのである。

二〇〇九年一月

野村克也

第一章　監督の条件

「監督業」に殺された蔭山さん

プロ野球の監督は、相手チームと戦う前にまず、数々の難敵と対峙《たいじ》しなければならない。それに打ち勝たなければ、相手チームという真の敵にも勝つことはできない。したがって、それに負けないだけの強い覚悟と決意、そして能力が求められる。

その仕事がどれだけ責任が重く、いかに過酷であるかということを、結果的にではあるが、私に思い知らせた出来事があった。もう四〇年も前、まだ私が南海ホークスの選手だった時代の話である。

南海ホークスの指揮を二〇年間も執り続けた鶴岡一人さんが勇退を決めたのは、一九六五年のことだった。その後任として予定されていたのが、鶴岡さんのもとでヘッドコーチを務めていた蔭山和夫《かげやまかずお》さんという人であった。蔭山さんは鶴岡さんが休養した一九六二年には監督代行を務めたこともあった。

ところが、これに選手の一部、つまり〝鶴岡一派〟が反対した。

鶴岡さんは〝親分〟と呼ばれたように、選手のなかに〝子分〟が多かった。彼らは鶴岡さんに心酔しきっていた。私は決して子分だったわけではないが、当時はキャプテンだったから、最年長のある選手から「鶴岡さんを引き止めにいこう」と強引に誘われ主力選手五、六人で、鶴岡さんの家まで出かけていった。なんと非常識なことをするんだと思った。当然ながら、鶴岡さんは聞かなかった。

それで予定どおり蔭山監督が誕生することになったわけだが、鶴岡一派の選手たちはおもしろくない。当然、蔭山さんに反発した。

正式に就任発表があったあと、本来ならばキャプテンである私がまっさきにあいさつに行かなければならなかったのだが、その年に三冠王をとったため、マスコミの対応に追われ、ようやくあいさつにうかがえたのは数日たってからだった。

当然、主力選手はすでにあいさつに行っていると思っていた。ところが、あとで蔭山さんに聞くと、こういわれた。

「ちゃんとあいさつしてくれたのはきみだけだよ」

そのときの蔭山さんの寂しそうな表情が忘れられないが、そのとき私は同時に思ったものだ。

「これでチームは崩壊するな」

たしかに蔭山さんは、鶴岡さんのような親分肌ではなかった。が、旧制市岡《いちおか》中学、早稲《わせ》田《だ》大学と名門を歩んできた人だけに、野球に対する知識は随一で、ゲームの〝頭脳〟だった。鶴岡さんも一目置いていた。南海がずっと強豪でいられたのには、蔭山さんの存在を無視することはできないと私は思っている。

鶴岡さんはことあるごとに蔭山さんに意見を求め、最後には「カゲ、おまえがなんとかせい！」と下駄《げた》を預けることもたびたびあった。ほかの人間のことはボロカスにいう鶴岡さんでも、蔭山さんにだけは違った。

こと野球に対する貪欲《どんよく》さでは私も人後に落ちない、とくにプロ入り間もないころは、打たれると怒られるから、

「何を基準にサインを決めたらいいいんですか？」

「こういうときはどうすればいいんですか？」

などと監督に尋ねたことがあった。まさに〝鶴の一声〟、「勉強せい」と一喝《かつ》される。仕方ないからついに蔭山さんに聞くしかなかった。

蔭山さんの訃報《ふほう》が届いたのは、就任四日後のことである。間違いなく、心労が原因だったと思う。蔭山さんは「クソ」がつくくらいまじめな人だったから、真剣に悩んでしまっ

たのだろう。

急逝する直前にある選手の結婚式があり、蔭山さんと私も出席し、同じテーブルに着いたのだが、その席でも冒頭にあいさつしたきり、ひとこともしゃべらなかった。というより、しゃべれなかったのだろう。目には隈《くま》ができ、ひどくやつれていた。食事にもいっさい口をつけなかった。あまりに憔悴《しょうすい》しきっていたので、帰り際、私は声をかけた。

「あまり深刻に考えないほうがいいですよ」

蔭山さんも「ありがとう」と返してくれたのだが、それが私との最後の言葉になった。

「監督というのは、こんなにも大変な仕事なのか……」

私は訃報を知ったとき、蔭山さんに同情すると同時に、監督業というものの過酷さをはじめて知ったのである。

なぜ名参謀は名監督になれないのか

いま述べたように、蔭山さんは野球の知識に関してはすばらしいものを持っていた。鶴岡さんをはるかに凌駕《りょうが》していた。

だが、残念ながら選手にしたわれなかった。もちろん、それは南海というチームにおける鶴岡さんの存在があまりに巨大すぎたせいだし、監督をやっていたら間違いなく名監督になっていたと思う。

しかし、これだけはいえる。

「いくら野球に詳しくても、それだけで監督が務まるものではない」

鶴岡さんに蔭山さんがいたように、川上哲治さんには牧野茂さん、広岡達朗《たつろう》さんには森祇晶《まさあき》、最近では星野仙一に島野育夫……というふうに、名監督には名参謀がつきものだ。

なかには青田昇さんのように、〝優勝請負人〟と呼ばれ、たくさんの球団でコーチとして数多くの監督に仕え、すばらしい実績を残した人もいる。

あるいは、バッティングコーチやピッチングコーチとして数々の名選手を育て、才能を開花させた人も少なくない。山内一弘《やまうちかずひろ》さんや中西太《ふとし》さんらがその代表といえる。

だが、不思議なことにこうした名参謀や名コーチは、監督になると必ずしも成功していない。

こうした人たちは、野球に関する知識や理論は大変なものを持っているはずだし、それを伝える術《すべ》にも長《た》けているはずだ。にもかかわらず、名参謀から名監督になったのは森くらい。青田さんや山内さん、中西さんははっきりいって失敗しているし、南海の監督時代に私をヘッドコーチとして支えてくれたドン・ブレイザーも阪神タイガースの監督になったときは早々に辞任を余儀なくされた。

このなかで牧野さんは監督になっていないが、これは牧野さんが固辞したからではないかと私は思っている。牧野さんに監督就任の要請がなかったはずがない。にもかかわらず引き受けなかったのは、「名参謀必ずしも名監督ならず」ということを本人がわかっていたからではないかと考えるのである。

では、名参謀や名コーチが名監督たりえない理由とは何なのか。

「私にもわからない」というのが正直なところだ。そもそも私自身にコーチの経験がない。ただ、おそらく野球以外の何かの力が働いているのだろう。野球の知識と技術を選手に伝えて才能を伸ばす能力と、選手を起用し、意のままに動かし、目標に向かって導いていくという能力は、きっと違うのだ。

チームの現場の責任者ということになれば、当然ながらなによりリーダーシップが問われるし、それを発揮するためには人間的な魅力やスケールの大きさ、さらにはファンやメディアにアピールする力や対外交渉力といった野球以外の資質も必要になる。野球を知っているから即監督になれるというものではないというのは、そこに理由があると思うのだ。

監督には監督の「器」というものがあるのである。当然、指導力と統率力とはつながらない。

監督の器——人望・度量

「組織はリーダーの力量以上には伸びない」

これは、たびたび述べている私の持論であり、組織論の原則である。これに照らせば、チームは監督の力量以上には伸びないし、監督の器以上には大きくならないという意味になる。

それでは監督の「器」とは何か——あらためて私は考えてみた。

あえて言葉にすれば、「信頼」「人望」「度量」「貫禄《かんろく》」「威厳」「表現力」そして「判断力」「決断力」ということになろうか。むろん、深い野球知識と理論を持ち、「戦略・戦術」にすぐれていなければならないのはいわずもがなである。〝「信」は万物のもとをなす〟が基本である。

まずは「人望」。どうも私にはこれが欠けているようなのだが、これはプロ野球の監督にかぎらず、すべてのリーダーに必須の要素といえるだろう。選手をして「この人についていこう」と思わせられるか、人間的に尊敬でき、信頼に足る人物かということは、選手を統率し、ひとつの目標に向かわせるために絶対に必要な要素である。

鶴岡さんなどは、その最たる人だった。チームを率いる立場ともなれば、ただ野球を知っているだけでなく、人格や品性を問われるのである。

次の「度量」とはまさしく器そのものだ。監督は、近視眼的であってはいけない。つねに広い視野をもってチームや選手を眺めておく必要がある。コーチであれば、目の前の試合やいま選手が抱えている問題点などに集中していてもかまわないが、監督はそうはいかない。

いま現在の試合に全力を尽くす一方で、ペナントレースのなかでの戦いという長期的視野も持っていなければならない。それなくして戦略は描けない。一試合一試合の結果に一喜一憂しているようでは、選手のモチベーションにも影響してしまう。

また、度量ということは選手を見る目にも関係する。「固定観念は罪」だと私はよくいうが、「こうしなければいけない」「こうあらねばならない」という視点で選手に接しては、才能や可能性を摘み取ってしまうおそれがある。

いい例がイチローだ。彼がプロ一年目だったと思うが、オープン戦のとき彼のバッティング練習を見て私は、「すばらしい選手だ」と思った。すごく印象に残った。

だが、一向に一軍に上がったという噂を聞かない。それで、翌年またオリックス・ブルーウェーブ（現オリックス・バファローズ）と対戦したときに、オリックスのフロントにいた知り合いに訊《き》いてみた。

「あの鈴木という選手、どうしているんだ？　いらんのならうちにくれ」

するとこういう答えが返ってきた。

「土井《どい》（正三《しょうぞう》）監督が使わないんですよ。『あんな打ち方でプロの球が打てるわけがない』って……」

当時からイチローは、のちに彼の代名詞となる振り子打法で打席に向かっていた。そんなフォームの選手は過去にいなかったから、土井は「通用しない」と考えたのだろう。

だが、それこそ固定観念以外の何ものでもない。あのまま土井が監督を続けていたら、次の監督になった仰木彬《おおぎあきら》が抜擢《ばってき》しなかったら、いまのイチローはなかったかもしれないのである。「固定観念は罪」とはそういう意味である。

異分子や異端児であっても、頭から拒否せず、しっかりと能力を見極めるだけの度量が監督には必要なのである。

また、一度の失敗で選手に「失格」の烙印《らくいん》を押してもいけない。本人が失敗の原因を理解し、足りないものを自覚することで、大きく成長する可能性があるからだ。

私は「失敗」と書いて「せいちょう（成長）」と読むことにしている。そうやって選手が成長すれば、長期的視野に立てばチームにとってメリットのほうがはるかに大きいのだ。監督はそのことを忘れてはいけない。

貫禄と威厳

「貫禄」「威厳」という要素は、「風格」といいかえてもいいだろうが、いまの監督たちにもっとも欠けているものだろう。監督としての風格を感じさせるのは、王貞治《おうさだはる》が勇退したいま、中日ドラゴンズの落合博満《ひろみつ》くらいであろうか。

昔の監督は「貫禄」と「威厳」があった。藤本定義さん、鶴岡さん、三原脩さん、水原茂さん、川上さん、西本幸雄《ゆきお》さん……みな誰が見ても「名将」らしい雰囲気を感じさせたものだ。

対していまの監督の、なんと軽く、安っぽいことか。見た目もそうだが、精神的にも選手と同じレベルで一喜一憂している。あくまでも個人的意見だが、監督たる者は選手と同レベルで喜怒哀楽を表現するべきではないと思う。

最近はたとえば味方がホームランを打ったら選手と一緒に手を叩《たた》いて喜ぶ監督が多い。王などはワールド・ベースボール・クラシック（WBC）の体制検討会議の席で、

「味方の選手がホームランを打ってもベンチで腕組みして座っているような監督はダメだ」

とはっきりいった。じつは私も最近はホームランを打った選手と手を合わせるくらいのことはするようになったのだが（いまの若い選手にはそれくらいのことはしてやらないといけないと感じたからだ）、以前は絶対にしなかった。

もちろん、チームが勝ち越したり、逆転したら、私だって「よし！」とは思う。思うけれども、すぐに監督の立場に戻る。というより、戻らざるをえない。なぜなら、試合はまだ終わったわけではないからだ。

「よし、リードした。どうやって逃げ切るか、そのためには何が必要か」

そんなことをすぐに考えてしまうのである。だから、

「おい、ピッチングコーチ、ブルペンはいま誰が投げているんだ？」

と気持ちがそっちにいってしまう。喜んでいる余裕などないのだ。その意味で、選手と

一緒に喜怒哀楽を表すなどということは、私の監督観と相容《あいい》れないのである。ところが、最近の監督はそうするのが当然と考えているようだ。チームを鼓舞するために意識的にやっているならまだしも、そうは見えない監督も少なくない。ほとんど友だち感覚だ。

これは年齢だけの問題ではないと思う。調べてみると、たとえば三原さんが巨人の監督になったのは三五歳。西鉄で私のいた南海と戦っていたころでも、四〇代である。川上さんも四一歳で巨人の監督に就任している。

たしかに昔の人といまの人間を較《くら》べると、同年齢であっても全体的に若いというか幼く見えるし、風格がなくなったという点では政治家も同様だ。中曽根康弘《なかそねやすひろ》さんくらいまでの総理大臣は、いずれも「いかにも」という感じがしたものだ。「地位が人をつくる」というが、総理大臣と同じく、プロ野球の監督も在任期間が短くなっているのも影響しているのかもしれない。

けれども、監督にはやはり、そこにいるだけで怖さや重々しさを感じさせるオーラのようなものが必要だ。川上さんが監督になったとき、巨人のベンチには張り詰めたような空気が流れたし、星野もその怖さで緩みきっていた阪神の雰囲気を一変させた。

「貫禄」や「威厳」は、それだけで選手を「やらなければいけない」という気持ちにさせるのである。監督は選手と同等のレベルでものを考えたり、野球を見たりしていてはいけないのだ。存在感が大きければ大きいほどチームに緊張感を育むものである。

表現力

次の「表現力」とは「言葉」の問題であり、説得力も大いに重要な条件である。

経験上思うのだが、監督はやはり話ができなければならない。

監督という立場になれば、いろいろなところで話やあいさつをさせられる。ミーティング時は当然だが、キャンプに入れば出迎えてくれた人々の前で話をするのは義務だし、納会などでも必ず選手や来賓《らいひん》に対してひと言いわなければならない。そうしたとき、どんな話ができるかは、意外と選手との信頼関係に響いてくるものなのだ。

「挨拶《あいさつ》」と書いて、「開く・迫る」と読むのだという話を聞いたことがある。つまり、「人の心を開いて、相手に迫る」という意味なのだと……。

その意味でも監督という立場にある者は、決してペラペラ上手に話す必要はないが、それなりの期待感を抱かせる話ができなければ、選手の心を開き、迫って、信頼を得ることはむずかしいのである。

それは政治家を思い浮かべればよくわかるだろう。いくら財政や国際関係のプロを自認しても、それを言葉として国民に伝えられなければ信頼は得られない。小泉純一郎《じゅんいちろう》元総理があれほど支持されたのも、彼の言葉が国民に強く響き、リーダーシップを感じさせたからに違いない。プロ野球の監督も同じなのだ。

加えて、技術指導においても言葉は非常に重要だ。引退後まもない時期なら、監督であっても若い選手に身体を使って手本を示すことができる。まして名選手であったなら、説得力がある。

だが、引退後時間が経ったり、その監督の現役時代のプレーを知らない若い選手が増えたりしてくれば、身体を使って教えることはできなくなる。

では、そのとき必要となるものは何か——いうまでもなく言葉である。

一般にスポーツ選手は、言葉を軽視しがちだ。とくに一流選手であればあるほど、感覚で理解し、プレーできてしまうので、言葉など必要としない。たしかに選手時代はそれでかまわないのだろう。

だが、監督になれば別である。ほとんどの選手は感覚だけでプレーできるほどの天才ではないし、名選手でもない。監督は、そういういわば〝凡人〟を相手にしなければならないのである。

そこでは感覚だけでは通用しないし、相手もついてこない。持っている技術や野球理論・知識を正確かつ的確に伝えるには、やはり「表現力」が求められるのである。

決断力

「決断力」があるかどうか。

これも監督の器をはかる大切な要素といえる。名参謀や名コーチと名監督のいちばん大きな差は、もしかしたらこの「決断力」といっても過言ではないかもしれない。

「判断」と「決断」は違う。参謀やコーチは、「判断」は求められても、「決断」はしなくてもかまわない。というより、決断を迫られることがない。

対して監督の仕事は決断の連続である。どの選手を起用するか、どのように攻めるか、いかに守るか、ピンチヒッターを出すべきか、リリーフを送るべきか——コーチにアドバイスを求めることはあっても、最終的にはすべて監督が「決断」しなければならない。そこに迷いがあっては絶対に選手の士気や試合の動向に影響する。

正しい判断をするだけでなく、それを実行する「決断」を下すことは、監督の絶対条件であるといっても過言ではない。

私が自分をヘボ監督だと思っているのは、この判断と決断で何度も失敗しているからだ。例をあげれば切りがないが、ひとつだけあげよう。二〇〇三年、社会人シダックスの監督一年目の話である。

社会人の強豪が集う都市対抗野球で、シダックスは東京都予選を勝ち抜いたばかりか、あれよあれよという間に決勝戦まで進んでしまった。決勝の相手は三菱《みつびし》ふそう川崎。当然、私は先発にエースの野間口貴彦《のまぐちたかひこ》（現巨人）を立てた。

ところが、この日の野間口は調子が悪かった。連戦の疲労もたまっていた。それでもたしか六回までは三—〇でリードしていた。当時のシダックスにはもうひとり武田勝《まさる》（現北海道日本《にっぽん》ハムファイターズ）というピッチャーがいた。

「今日は継投で逃げ切るしかないな」

そう思ってはいたのだが、野間口と武田の実力を考えると躊躇《ちゅうちょ》せざるをえなかった。信頼感という点では野間口のほうがずっと上だったのだ。それで「疲れてるな、調子がよくないなあ」とは思いながらも、決断できず野間口を続投させてしまった。すると案の定、七回に一挙五点を取られ、負けてしまったのである。

それまで野間口は変化球中心の組み立てで好投していた。相手が三巡目に入りその変化球を狙いにきているのがわかっていたので、「配球を工夫しろ」とキャッチャーにきちんと指示しておくべきだったのだが、そのタイミングも失ってしまった。

この失敗は、私に判断と決断の大切さを再認識させることになった。「判断」とはなんらかの基準にもとづいて行われる。私は「信頼」ということに判断の基準を置いたために、「決断」を誤った。

これには、「いくら私がプロ野球の監督経験者だからといって就任一年目で優勝してしまっていいのか」というバカな思いに襲われたことも影響していた。それで継投という「決断」に踏み切れなかったのだ。

いまいったように、「判断」には基準がある。そして、それはひとつだけではない。状況によってあらゆる基準のなかからもっとも成功する確率の高いものを選択するのが「判断」だ。監督はまずその判断を誤ってはいけない。

その判断を実行に移すのが「決断」だ。むろん、正しい判断をしても絶対に成功するわけではないから、「決断」をするだけでも大変な勇気がいる。しかも、場合によっては

「こうしたほうがいい」と「判断」しても、それを無視して「決断」しなければいけないケースもある。つまり、「決断」は一種の賭《か》けなのだ。

連合艦隊司令長官だった山本五十六《いそろく》は、賭け事が大好きで、しかも強かったそうだが、実際、この「決断」が勝負を分けることも多いのである。

つくづく野球の試合は「生き物」だと思う。監督の判断と決断ひとつによって、その後の展開と流れは大きく変わってしまうのだ。だからこそ、「決断力」に富むことが監督の大切な資質となるのである。

名捕手が名監督になるわけ

最後の「戦略・戦術」がなぜ必要なのかは、あらためて説明するまでもないだろう。目指す野球を選手たちに実践させるには、確固たる作戦がなければいけない。その立案能力は、チームの戦い方を左右する。

人によってはそのあたりは有能なヘッドコーチにまかせるケースもあるかもしれないが、それを活かすも殺すも監督次第。戦略と戦術に長けていない名監督はいないといっても過言ではないだろう。

そこで、ここではおもしろいデータをあげておこう。

巨人の一〇連覇が夢に終わった一九七四年から二〇〇八年までの三五年間、日本一に就いた監督ののべ人数を現役時代のポジション別に分けると、キャッチャー出身が一三回で、二位の遊撃手の九回を大きく引き離してナンバーワンになるという。ちなみに三位が投手の五回、以下一塁手、三塁手と続き、二塁手と外野手がそれぞれ一回で最低となる。

キャッチャーの内訳を見ると、森が六回、私と上田利治《としはる》が三回、そして伊東勤《つとむ》が一回となっているが、メジャー・リーグでも、とくに近年はワールドシリーズを制した監督は、ヤンキースを率いて四度の世界一に輝いたジョー・トーリ（現ロサンジェルス・ドジャース）を筆頭にキャッチャー出身の監督が圧倒的に多いそうだ。

優勝回数＝名監督とは必ずしもいえないかもしれないが、少なくともひとつの条件ではある。では、捕手出身の監督が名監督になる可能性が高い理由は、いったいどこにあるのか――。

私が考えるに、「キャッチャーは監督の分身」であるからだろう。つまり、キャッチャー出身者は現役時代から監督の仕事の一部を担っているのである。

なにしろ、守備のときフィールドに正対しているのはキャッチャーだけ。守備においてはキャッチャーが全体の指示を出すようにできているわけだ。バッターやスコア、カウントなどさまざまな状況ごとにいかなる守備隊形をとるのか、どのようにバッターを討ち取るのか、一点をやってもアウトカウントを稼ぐのか、それとも一点もやらないのかといったあらゆる仕事がキャッチャーにはゆだねられるのである。

言い換えれば、監督はキャッチャーをベンチから送り出した時点で、守りにおける全権の委任状をキャッチャーに渡しているといっても過言ではないのである。

まっとうなキャッチャーであれば、「自分は守っているあいだは監督なのだ」という意識、使命感や責任感をつねにもってマスクを被《かぶ》っているはずだ。「キャッチャーが監督向きだ」と私が信じ、実際にキャッチャー出身者が実績を残している第一の理由は、そこにある。

加えてキャッチャーは、いわば「他力」を使って自分の理想を実現しなければならない。つまり、ピッチャーが要求どおりの球種やコースに投げてくれてはじめて自分の狙いがかなうのである。思い通りにほうってくれるピッチャーばかりではないから、ヘボなピッチャーであってもなんとかうまくリードしなければならないし、いいピッチャーでも失投はある。が、それで打たれれば「キャッチャーの配球が悪い」と責められる。必然的に粘り強くなるし、人をうまく動かす術も自然と学ぶのである。

対照的なのがピッチャーだ。

キャッチャーが他力本願なら、彼らは自力がすべて。逆にいえば、お山の大将でなくては務まらない。加えて彼らはつねにスポットライトが当たるから、えてして自己中心的になりやすい。

自己中心的なお山の大将ほど監督に不向きな人種もないだろう。常日頃から私が「ピッチャーは監督に向かない」というのは、そういうわけなのだ。鈴木啓示《けいし》、堀内恒夫《つねお》、村山実《みのる》らを思い浮かべれば、なんとなく想像できるのではないか。

参考までにピッチャー出身で日本一になった監督の名前をあげれば、藤田元司《もとし》さんが巨人で二回、ロッテ・オリオンズ（現千葉ロッテマリーンズ）の金田正一《かねだまさいち》さんと横浜ベイスターズの権藤博《ごんどうひろし》、そして二〇〇八年の渡辺久信《ひさのぶ》（埼玉西武ライオンズ）が各一回。星野は中日と阪神でリーグ優勝は三回経験しているが、日本一にはなれなかったし、西武ライオンズで二度パ・リーグを制した東尾修《ひがしおおさむ》も同様だった。

古田が失敗したわけ

いま私は「捕手は監督に向いている」と書いた。もしかしたら、読者のみなさんはこう思ったかもしれない。

「だったら、なぜ古田はダメだったのだ」

名捕手が名監督になれるのなら、たしかに古田敦也《あつや》は名監督になる資質を持っていたと考えられる。しかも彼は、将来自分が監督になるとわかっていたはずだ。それなのに、なぜ彼は失敗したのだろうか。

まずは、なんといってもプレーイングマネージャーという道を選択したことである。私自身、それを経験したから、選手を兼任することがどれだけ大変なことかは身にしみてわかる。

まして、現在は、私の時代とは比べ物にならないほど野球が緻密になり、進化している。監督に求められる決断も多い。とても兼任などできるものではない。

どうしてもプレーイングマネージャーでいくというのなら、私がブレイザーを抜擢したように、有能なヘッドコーチを置く必要があった。

私が、監督になってからもホームラン王を争ったり、打点王を獲得したりできたのも、ベンチにブレイザーがいたからこそだった。

古田もそのあたりはわかっていたようだが、ヘッドコーチに起用したのは伊東昭光《あきみつ》。彼は現役時代から古田と仲がよかった。北京オリンピックでの日本惨敗は、星野が田淵幸一《こういち》、山本浩二《こうじ》の仲良しトリオからなる〝お友だち内閣〟を組んだことからはじまったと私は考えているが、それと同じことを古田は行ったのである。

ヘッドコーチは、ときには監督に対して厳しい意見をいわなければならない。どんな名監督であっても人間、間違いや欠点はあるからだ。そこを冷静に指摘するのもヘッドコーチの役割である。親しい友人であっては、どうしても矛先が鈍ってしまうのだ。能力・適性を基に決定すべきだったと思う。

しかも古田はプレーイングマネージャーだから、選手としてグラウンドに出たときは伊東が監督の役目を果たさなければならない。

しかし、伊東はピッチャー出身だ。ピッチャー出身が監督に向かないというのはすでに述べたとおりであり、投手コーチとしての実績はあったとはいえ、助監督とも呼ぶべきヘッドコーチとしては適任ではなかった。

もうひとつ、性格的にも古田は監督向きではなかった。

古田はキャッチャー出身であっても、どちらかといえば性格的にはピッチャーなのだ。

しかも、スター選手だった。だから自分中心の考え方をするのである。周囲に対する感謝の心が足りない。私に年賀状一枚送ってこないことがそれを象徴している。

どんな選手も選手時代の監督の影響を受けているはずで、その意味では古田は私の影響を受けているはずなのだが、彼はそれを認めたがらないようだ。自信とプライドがあるし、自分の力を試してみたかったのかもしれない。

だから、監督になってもあえて私と対照的なやり方を採り、野村カラーを払拭《ふっしょく》しようとしたのだろう。

だが、結果はご承知のとおり。こうした考え方を変えないかぎり、もう一度監督になっても、同じことになると思う。好き嫌いで判断してはいけないのだ。大リーグに「好き嫌いで選手を起用する監督は最低の監督だ」という名言がある。

落合は名監督の器か

話を監督の条件に戻す。

もうひとつ、とくにプロ野球の監督に必要な条件をあげておきたい。それは、ファンサービスである。

楽天を除くいまの一一球団の監督のなかで、私がもっとも評価しているのは——私をWBCの監督に推薦してくれたからいうのではないが——中日ドラゴンズの落合博満である。WBCの体制検討会議の席で、監督候補として落合の「お」の字もいっさい出なかったので、

「落合が候補にあがらないのはどうしてなんだ？」

と私は訊《たず》ねたほどだ。

先の「器」に照らし合わせれば、落合は「度量」や「風格」という点は充分だ。日本シリーズでパーフェクトピッチングを展開していた山井《やまい》大介をスパッと交代させたことを見ても、（それが正しいかどうかは別として）「決断力」にも富んでいる。

研究心も申し分ない。オープン戦などで対戦すると、中日のマネージャーが必ずといっていいほど私のもとにやってきて、こういう。

「監督が会いたいといっていますので」

解説者時代には阪神のキャンプにやってきて、取材そっちのけで長時間私と野球談義にふけったこともあった。

現在の監督のなかで野球についてもっとも深く考えているのは落合に違いないし、能力

という点でも名監督になりえる資質を持っていると思う。その上選手時代三回も三冠王を獲《と》るほどの実力をかねそなえているように彼は能力以外の何かを持っている気がする。

ところが、「人望」という点ではどうか。

彼は、私と違って選手には慕われているらしいが、メディアやファンの受けがとても悪いときく。というのは、無愛想でファンサービスやマスコミサービスをしないからだ。そこが彼の唯一の欠点だと私は思っている。

私は連日メディアに向かってぼやいている。これは、メディアを通して選手たちに考えさせたり、発奮させたりするという私の選手操縦法のひとつでもあるが、それが監督のメディアとファンに対するサービスであり、仕事のひとつであるとも考えているからだ。

やはりプロ野球は人気商売。

となれば、監督はメディアやファンの関心をチームに向けさせ、人気を高める努力をしなければならない。チームの状態や内情を逐一ファンに伝えるというのは、いわば監督の義務なのである。出来る範囲でどんどん提供するべきなのだ。

私のぼやきは、連日メディアで報道される。

そうすることでメディアやファンが喜んでくれれば、楽天がメディアで取り上げられる機会が増え、人気も上がる。注目を浴びれば、選手も発奮するはずだ。

どうも落合は勘違いしているのではないか。彼はグラウンドで結果を出せばいいと考えているようだが、それだけではプロ野球の監督として失格なのだ。いくら強くても、実際にファンが球場に足を運んでくれなければ、商売は成り立たないのである。誰のおかげで自分が存在できるのか。ファンあってのプロ野球ということをいま一度考えてもらいたいのである。

監督の敵

さて、冒頭で私は、「監督の敵」として四つ——すなわち選手、オーナー、ファン、メディア——をあげた。が、じつはもうひとつ付け加えたい「敵」がいる。そして、その敵こそがもっとも強大だと私は思っている。

それは「自分自身」である。

四つの敵がいかに強力であろうとも、監督自身がそれに負けないだけの強さを持っていれば、おそれることはない。自分の信じる道を貫けばいいのである。

ところが、口でいうのはかんたんだが、現実にはそれがなかなかできないものなのだ。

だからこそ、監督がなによりも勝たなければならないのは自分自身だと私は肝に銘じ、自分自身に勝てるかどうかで監督としての「器」も試されると思っているのである。

私が阪神で失敗した最大の理由も、自分自身という敵に勝てなかったことにあったといまにして思う。選手と、オーナーと、そしてファンやメディアと戦う前に、私は自分自身に負けていた。

最近、ヤクルト時代の私に選手として接し、いまは東北楽天ゴールデンイーグルスでコーチを務めている池山隆寛《たかひろ》や橋上《はしがみ》秀樹に私は聞いてみたことがある。

「ヤクルト時代のおれはどんな感じだった？」

「ものすごく怖かったですよ」

ふたりは異口同音にそういった。自分でも振り返ってみると、ヤクルト監督時代はギラギラしていたと思う。

若かったせいもある。が、それ以上にそのころの私は、「自分が理想とする野球で絶対に日本一になってやる！」という強い意欲を持っていた。だから、カッカすることも多かった。それで池山も橋上も「怖い」と感じたのだろう。

ところが、阪神では最後までそういう強い気持ちを持てなかった。その点では阪神の選手諸君や関係者、ファンの方々に申し訳ないと思っているのだが、それはやはり、私がヤクルトで三度の日本一を達成してしまったからだと思う。

飢餓感というか、勝利を渇望する気持ちが、知らず知らずのうちに薄れてしまっていたのである。

だから、敵である選手たちと根気よく向かい合うことができなかった。戦うことができなかった。「もう限界だ」とか「これ以上は無理だ」とつい思いたくなる自分自身を鞭打《むちう》ち、打ち勝つことができなかった。自分自身に負けていたのである。

監督の抱えるプレッシャーは非常に大きく、責任も重大だ。向かい合わなければならない敵は対戦相手だけではないし、するべき仕事量は膨大だ。批判にさらされ、思うような結果が出ない現実に悩み、苦しむことはこの歳になっても多い。

だから、つい挫《くじ》けそうになってしまう。自分自身に負けそうになってしまう。

だが、それでは監督という仕事は務まらない。そういう自分自身に打ち勝たなければならないのである。

そして、それができるかが、名監督であるか否かの分水嶺《ぶんすいれい》になると私は考えている。監督の最大の敵は自分自身であり、それに打ち勝つことができるかで監督としての「器」がはかられる――私がそう考える理由は、そこにある。

第二章　私が見た「名監督」たち

選手を動かす六つのファクター

プロ野球の監督は、個性ある選手たちを統率し、自分の思うように動かすことが大きな仕事である。逆にいえば、選手を意のままに動かせるか否かが、名監督かどうかを分けることになるわけだ。

名監督と呼ばれる人々は、例外なくこの選手操縦法に長《た》けている。ただし、当然そのやり方はそれぞれ異なり、それが個性にもなっている。そして、それがぶつかり合うことで、数々の名勝負も生まれてきたのである。

ところで、選手を動かす方法には、以下の六つのやり方があると私は考えている。

① 恐怖で動かす
② 強制して動かす
③ 理解して動かす
④ 情感で動かす

⑤　報酬で動かす
⑥　自主的に動かす

むろん、それぞれの監督はこのすべてを状況や相手に応じて巧みに使い分けるわけだが、いずれの監督もこのうちのどれかに中心軸をおいて選手と接しているはずである。

①の「恐怖で動かす」とは、文字どおり、選手に恐怖感を与えることで選手を「やらなければ怒られる」という気持ちにさせるタイプである。存在自体が威厳と威圧感をかもし出し、ときには鉄拳《てっけん》をふるうことも辞さない。

②の「強制して動かす」は、①とも重なるだろうが、場合によっては罰を与えるなどして、自分がベストだと思う方針に無理やりにでも従わせるやり方といえる。が、選手の反発を招きかねないだけに、それを抑えるだけの信頼関係も必要になる。

③「理解して動かす」（納得させて動かす）は、選手の特徴・個性・性格などを理解し、把握したうえで、適材を適所に配置し、動かしていく方法といえる。自分の野球を押し通すのではなく、そのチームの選手の特徴に応じてつくりあげていくというべきか。

④「情感で動かす」は、義理人情に篤《あつ》く、選手に「この人のためなら」と感じさせるタイプ。その意味では人間としての魅力や人望が欠かせない。また、最近流行の、選手を「ほめる」ことで動かすというやり方も、ここではこれに含めておく。

⑤「報酬で動かす」は、目の前ににんじんをぶら下げ、発奮させる方法。そして⑥の「自主的に動かす」は、選手の気持ちを尊重し、まかせることで、みずから動くように仕向けるやり方だ。

もちろん、⑥が理想的であることはいうまでもない。どんな監督も最終的に目指すところはそこだろうし、選手が監督の意図や狙いを読み取り、みずから動けるチームは強い。

ところが、現実にはそうはいかない。

そこで、あらゆる手練手管を用いながらほかの五つのやり方を組み合わせることで、信頼を勝ち得、「自主的に動く」ように仕向けざるをえないのである。そこが監督の手腕が問われるところといえるのだ。そこで、これまで私が見てきた「名監督」たちを、この六つのファクターから見ていきたいと思う。

選手の操縦法を一言で言うなら「人を見て法を説く」ということだろう。

恐怖と情感にあふれていた星野仙一

「恐怖で動かす」タイプの代表といえるのは、もちろん星野仙一である。

星野を前にすると、選手は「やらなければ怒られる」という気持ちを抱くに違いない。はっきりいえば、「やらなければぶっとばされる」という恐怖感である。

星野が阪神の監督になったとたん、緩みきっていた阪神のムードが一変したと感じたのは私だけではないだろう。場合によっては鉄拳も辞さない星野の怖さが、選手たちに緊張感を与え、やる気を引き出したのである。

どんな指揮官であっても、選手時代に薫陶を得た監督の影響を受けるものだ。星野は明治大学での四年間を、厳しいことで知られる故島岡吉郎《きちろう》監督のもとで過ごした。そこで人を動かすにはまずは「怖さ」が必要だと悟ったのではないか。最初にガツンとかますことで、いわば選手の意識改革を促すのである。

ただし、星野が偉いところは、恐怖だけで終わらない点にある。恐怖を与えつつも、④の「情感」にもあふれているのだ。これも「人間野球」を指導の基本にしていた島岡さんを見て学んだことだろう。

失敗して叱った選手には、必ずもう一度チャンスを与えるのは、北京オリンピックでリリーフに失敗した岩瀬仁紀を使いつづけたことに現れているだろうし、選手の夫人の誕生日には花束を贈ったというのも有名な話だ。

また、KOされたピッチャーやスランプに陥った選手には「気分転換してこい」とポケットマネーを差し出すこともめずらしくなく、中日の監督時代は活躍した選手には報奨金を与えたという。⑤の「報酬」も巧みに使っていたわけだ。

そしてなにより、星野は年長者に非常にかわいがられ、人脈も幅広い。したがって卓越した政治力を有している。私にはできなかった補強を次々に成功させ、阪神の環境を一変させたのは、この星野の政治力によるところが大だったと思う。

その意味で星野はいわゆるゼネラルマネージャー向きで、純粋な現場の監督としての能力はどうかといえば、正直私には疑問符がつくのだが、星野は自分に足りないものをよくわかっていたのだろう、島野育夫というヘッドコーチを置き、現場の細かい采配《さいはい》などは彼に任せたようだ。

逆にいえば彼は名参謀を必要とするわけで、北京オリンピックで失敗したのは、信頼に足るコーチがいなかったことも大きかったのではないかと私は思っている。

怖さと情熱と科学の人、西本幸雄

阪急ブレーブス（現オリックス・バファローズ）を常勝チームに育て上げ、近鉄バファローズ（現オリックス・バファローズ）でも二度のリーグ優勝を達成した西本幸雄さんは、①の「恐怖」と②の「強制」、そして④の「情感」をもって選手を鍛え上げるタイプだったと思う。

私が阪神の監督を辞任したとき、後任として最初は西本さんを推薦したのも、彼の「怖さ」と「情熱」がなによりも阪神には必要だと感じたからだった。

西本さんは熱血漢であるあまり鉄拳をふるうことも多く、阪急時代に選手をなぐっているところを私も何度か見たことがある。

西本さんはそうしたスパルタ指導で若手を育成した。来る日も来る日もバッティングケージのうしろで根気よく熱心に、それこそ手取り足取り指導していた。そのなかから山田久志《ひさし》、長池徳二、加藤秀司、福本豊、佐々木恭介《きょうすけ》、梨田昌孝といった選手が育っていき、阪急と近鉄というといずれも弱小だったチームを強豪に変貌《へんぼう》させた。

西本さんには有名なエピソードがある。

阪急の監督になって四年目のシーズン後、選手に対して自分の信任投票を実施したのだ。つまり、自分を監督として認め、ついてこられるかを選手に問うたのである。前年は四位、その年は五位と結果が出なかったこともあって選手のあいだに不満がくすぶっていたため、本心を知りたかったのだという。

結果は不信任が四票あった。西本さんは辞表を出したが、オーナーに慰留された。阪急が優勝したのはその翌年だったわけだが、このあたりも熱血漢の西本さんらしいと私は思う。

近鉄の監督として最後のシーズンとなった一九八一年の最終戦は奇《く》しくも近鉄―阪急戦だった。試合後、近鉄だけでなく阪急の選手も加わっての胴上げで送られたのも、西本さんがいかに選手たちから愛されていたかを物語っているだろう。

が、一方で、意外なことに西本さんは合理的な「科学の人」でもあった。

阪急の監督二年目にはある陸上出身者の人から「野球のトレーニングは非科学的」といわれたのをきっかけに、バーベルを使った筋力トレーニングをいち早く採り入れたという。野球選手には筋トレはご法度とされ、水泳も禁止されていた時代の話である。そうした先見性も西本さんは備えていたのである。

二流選手から名将になった上田利治

その西本さんの薫陶を受け、後任として阪急の監督となり、西本さんが生涯一度もなれなかった日本一を三年連続で達成したのが上田利治だ。

上田は関西大学では村山実とバッテリーを組んでいたキャッチャーだったが、プロでは広島カープで芽が出なかった。それで選手は早くにあきらめて指導者を志し、西本さんの門を叩《たた》いたのである。

なぜ西本さんだったのかは知らないけれども、それだけに彼も熱血という点では西本さんにひけをとらなかった。ベンチでは自ら先頭に立って大きな声を出していた。当時の阪急のホームグラウンドだった西宮《にしのみや》球場は観客が少なかったから、相手ベンチからも彼の声がよく聞こえたものだ。

一九七八年のヤクルトとの日本シリーズ第七戦で、大杉勝男《かつお》のホームラン性の飛球の判定をめぐり、前代未聞の一時間一九分もの猛抗議をしたのを憶《おぼ》えておられる方も多いだろう。

同時に、彼は大変な勉強家でもあった。

選手として大成しなかっただけに、謙虚に野球というもの、指導者というものを学ぶ姿勢があったに違いない。そして、指導者とはどういうものであるかを学んだのが西本さんからなら、野球の知識を吸収するのに影響を受けたのは、おそらく阪急に在籍していたダリル・スペンサーからではなかったかと想像する。

あとで述べるつもりだが、スペンサーは日本の野球を大きく進化させたひとりである。南海にいたブレイザーとともに、精神野球全盛の時代に日本に〝考える野球〟を持ち込んだ先駆《せんく》者《しゃ》である。

上田は、私同様、ブレイザーを通して野球を考え直すチャンスを与えられたようだ。スペンサーから多くのものを学んだのではないかと見ている。スペンサーと上田は阪急では一年ほどしか一緒になることはなかったと思うが、スペンサーは帰国の際、みずからの野球論をまとめてメモを残したといわれる。

豊富な戦力を持ちながら阪急がどうしても果たせなかった日本一を達成できたのも、そうした上田の研究熱心さが大きく寄与したのではないか。

ブレイザーに好影響を受けた、古葉竹識

〝赤ヘル軍団〟広島東洋カープを強豪に育て上げた古葉《こば》竹識《たけし》も、一見ソフトに見えるが、基本は①のタイプだ。外に対してはやさしいが、内には非常に厳しい。選手に手をあげることもめずらしくない。これは、地元の無名選手を育成することに強化の主眼を置く広島の伝統かもしれない。

古葉は現役時代、広島でプレーしていたが、当時の根本陸夫《りくお》監督とぶつかっているという話を聞き、私が南海に移籍させた選手である。選手としての最後の二年と、コーチになってからの二年間を私のもとで過ごした。

そのためだろうか、基本は①ではあるのだが、知力も重視するのが古葉の特長だ。これは私というより、選手・コーチとして同僚だったブレイザーの影響が大きいと思う。

実際、古葉は一九七八年にブレイザーが南海を退団すると、ヘッドコーチとして広島に迎えた。

昔の監督はみなベンチの真ん中に座っていたものだが、古葉はいちばん端に立っていた。バットケースで見え隠れするその姿は、彼のトレードマークになっていたほどだが、あそこに立つのは、「外野―内野―ホームのプレーを見渡すのにもっとも適していたから」だと古葉は語っている。

たとえば打球が外野に飛ぶとする。外野手の返球が内野のカットマンを経て本塁まで届くあいだ、ほかのプレーヤーが適切なバックアップやカバーをしているかどうかを、彼はあそこからチェックしていたわけである。

古葉は広島に請われて南海を去っていくとき、「お世話になったのに申し訳ありません」と、私に深い感謝を示していった。そのとき私は「おまえは監督になる器だ。必ずチャンスがくる」といって送り出したのだが、まさかすぐに監督になり、広島を球団史上初のリーグ優勝に導くとは想像できなかった。優勝のあとのコメントを今でも覚えている。「南海での経験が自分にとって非常に良かった」……。

絶対的な指揮官、広岡達朗

「強制して動かす」指導法で思い浮かぶのは、ヤクルトと西武で三回の日本一に輝いた広岡達朗さんだろうか。自身は「管理野球という言葉は嫌い。選手が納得してみずからやらなければ身につかない」と語っていたようだが、ヤクルトでも西武でも選手を厳しく「管理」した。「集団生活にはルールがあって当然」という考え方は、父親が軍人ということも影響していると思う。

なかでも徹底したのが健康管理。ヤクルト時代から禁酒・禁煙を命じ、西武では「肉は腐った食べ物」といって、玄米を中心とする自然食を奨励したのはよく知られている。

最近は「管理」とか「強制」を嫌う傾向があるようだが、人が集まればそこに「管理」が生じるのは当然だ。人間にはそれぞれの個性があり、考え方も違う。そうしたそれぞれ異なる人間たちを統率し、ひとつの目標に向かって進ませていくためには、ある程度の秩序やルールを強制する必要がある。

むろん、全員が自発的に自己管理を徹底できればいいが、まだ若く、人間的にできあっていない選手にそれを求めるのはむずかしい。であるならば、そういう選手には無理やりにでも「管理」し、「強制」することが必要だと私も思っている。

広岡さんは野球に関する知識も豊富で、研究心が旺盛《おうせい》だった。私が南海の監督時代にブレイザーをヘッドコーチに招聘《しょうへい》したとき、広岡さんが興味を持って「何を教えているんだ？」と盛んに訊《き》いてきたし、メジャーの視察にもよく出かけていた。こと野球にかけての知識では選手を圧倒し、信頼を得ていたからこそ、選手はついていったのだと思う。

ただ、広岡さんは「情」というものがやはり欠けていたようだ。

だから、はっきりいえば人望がない。「人に厳しく、自分にやさしい」の典型だと私は見ている。自然食を選手に強制し、アルコールを禁止したときも、自分は好きなものを飲み食いしていたらしい。結果、痛風を患ったのは有名な話だ。

まあ、「監督と選手が違うのはあたりまえ」と意に介さなかったようだし、監督のストレスからくるものだったのかもしれないが、それではどうしても選手の信頼は薄れていく。

もうひとつ、はっきりいってしまうが、広岡さんはケチだった。

ケチということでは森が有名だったが、私の見るところ、広岡さんは森以上だった。評論家時代、たまたま隣で一緒に野球を見ていたとき、私は聞いたことがある。

「広岡さん、財布を持って歩かないそうですね」

すると、「そうだよ」という。

「じゃあ、喫茶店でコーヒー飲んだり、飯食ったりするとき、どうするんです？」

私が訊ねると、「誰かが払うよ」。

私はコーヒーが好きなので、試合中に何度か広岡さんのぶんも注文してあげたのだが、一度も「今度はおれが払うよ」といわなかった。向こうにしてみれば「付き合ってやっている」ということなのだろうが……。結局、巨人時代からスターだったから、相撲でいうタニマチのようなファンがいつも面倒をみていたのではないかと思う。その習慣が抜けなかったのだろう。

揃った戦力を使うのに卓越していた森祇晶

③の「理解して動かす」タイプといえば、広岡さんのあとを継いで西武の監督になった森祇晶の名前をあげないわけにはいかない。そして、森こそは、現役時代同じポジションだったこともあって監督として私がライバルだと認識し、闘志を燃やした監督だった。

森は西武を九年間率い、じつにリーグ優勝八回、うち日本一に六回もなっている。成績だけをとれば、川上さんをしのぐといってもいい。

森は③を指導の基本にしながらも、ときには「何をやっているんだ！」といえる強みがあった。また、キャンプでは「監督が主役」との考えから、強制力も発揮した。そしてなにより、その頭脳が卓越していた。

森はとにかく研究熱心だった。巨人にいたころ、日本シリーズの前になると私の家にやってきてはパ・リーグの優勝チームの情報を私から聞き出そうとした。私も野球の話は嫌いではないので、夜を徹して語り合った。

「キャッチャーの役割があまりに軽んじられている」

その点で森と私の認識は共通していた。キャッチャーの仕事はたんにピッチャーの球を受けるだけではない。あらゆる状況を頭に入れ、バッターの狙いや心理状態、ピッチャーの特徴と調子といったことを総合的に判断し、最善の配球を組み立てなければいけない。たんに肩が強い、バッティングがいいだけでは務まらないのである。しかも、ピッチャーにサインを出すだけでなく、守りにおける監督の分身としてチーム全体に指示を出す。にもかかわらず、当時の野球ではそうしたキャッチャーの仕事が重要視されることは少なかった。森は、そうやってキャッチャーとして考えてきた理想の野球を体現した最初の監督だったと思う。

ただ、森は「弱いチームを強くする監督」ではなかった。ある程度の戦力を与えてこそ、力を発揮する監督だったと私は見ている。

そのことに関連するエピソードで、私の印象に残っているものがある。私が南海のプレーイングマネージャーだったころ、山内新一というピッチャーが巨人からやってきた。彼は巨人時代は鳴かず飛ばずで、それでトレードされたわけだが、南海に移籍したとたん、なんと二〇勝をあげた。その山内がキャッチャーとしての森と私を評して、こういったのである。

「森さんはできあがったピッチャーをリードするのはたしかにうまい。でも、ぼくらのようなヘボピッチャーをうまくリードできない。野村さんはその逆で、ぼく等のような箸《はし》にも棒にもかからないピッチャーをほんとうにうまく投げさせてくれる」

ある雑誌で私と対談したときも、藤田元司さん、牧野茂さん、王貞治のトロイカ体制時代の巨人の投手陣のなかで、「誰のボールを受けてみたいか」という質問が出ると、森はいった。

「やっぱり江川（卓《すぐる》）の球を受けてみたい」

ちなみに私の答えは「西本聖《たかし》」。「球威はそれほどないが、球種の多い西本のほうがリードしていておもしろい」と思ったからだ。

もちろん、キャッチャーとして私のほうがすぐれていたというつもりなど毛頭ない。森と私の性格や資質が正反対だということを知っていただきたいのである。指揮官としての森と私の違いも、そこにあるからだ。

戦いは「正攻法」と「奇策」の組み合わせである。森は典型的な「正攻法」で慎重に慎重を重ね、相手の弱点を徹底的に研究してそこを突いてくる。V9巨人を率いた川上さんとそっくりだ。

対して私は「奇策」を多用する。というより、そうせざるを得なかった。指揮したチームが弱いチームばかりだったからだ。

森が監督になったころの西武は、すばらしい戦力が揃いつつあった。投手では東尾修、工藤公康《きみやす》、渡辺久信、野手では石毛宏典《いしげひろみち》、秋山幸二《こうじ》、辻発彦《つじはつひこ》、伊東勤……。ある意味ではV9時代の巨人以上の戦力を持っていた。その意味では⑥の「自主性」を選手たちが身につけていたのである。

戦力の揃ったチームを率いれば、戦略を立てられる。森はよく「シーズン序盤は様子を見て、六月の終わりか七月にかけてスパートをかける」と語っていたが、それは計算できる戦力があるチームだからこそいえることで、弱いチームでは戦術を考えるので精一杯。「この試合をどうするか」と、一試合一試合に集中せざるをえない。戦略をどうこうする余裕がないのである。

ただし、すばらしい選手が揃っているチームなら誰が率いても同じというのは、とんでもない誤解である。そうした兵士を巧みに動かし、負けない野球を展開し、見事なチームをつくりあげたことにこそ、森の真骨頂はあったと私は思っている。

人格者、王貞治

ただし、広岡さん同様、森はやはり「情感」に欠けていたように見える。その証拠に、選手から「森監督を男にしたい」とか「胴上げしたい」という声が聞こえてきたことはほとんどない。じつは、これは私も同様だ。

最近でこそそういってくれる選手が出てきたようだが、ヤクルト時代は選手からそのようにいわれた記憶はない。

対照的なのが、森とともにV9巨人をリードした王貞治である。王が体調不良で休養したとき、福岡ソフトバンクホークスの松中信彦、小久保裕紀《こくぼひろき》といった主力をはじめ他の選手たちが口々に「優勝して監督を胴上げしたい」といっていたし、監督をやめたあと、王のドキュメンタリーをテレビで観たのだが、そのなかでも各選手が王にいわれた忘れられないひと言というものを披露していた。なにしろ、あのイチローが王にぞっこんほれ込んでいる。

王は、基本的には⑥の「自主的に動かす」タイプだと思う。とくに巨人の監督だったころは顕著だった。あまりにそこに中心軸を置きすぎたことが巨人で失敗した理由だと私は見ていた。だが、近年はたとえベテランであっても、叱るべきときは容赦なく叱るだけの厳しさも見せていたようだ。

采配に関しては、彼はスター選手でかつ強打者であっただけに、攻撃野球を好んでいたのは間違いない。しかも、その攻め方も彼のまっすぐな性格そのままにオーソドックスで、相手のいやがることをしてくることは少ない。

したがって、わかりやすかった。このあたりが、あれだけの戦力を抱えながら、いまひとつ成績が伴わなかった理由ではないかと思う。

とはいえ、小久保裕紀や松中信彦を育てたのは王の功績だし、秋山幸二を二軍監督にして、後継者づくりも怠らなかった。なにより、選手たちに「この人のために勝ちたい」と思わせたのは、いかに彼の人望が篤かったかの証明だといえる。その意味で王は「情感」をもって「自主的」に動かすタイプの監督だったといっていいだろう。

親分・鶴岡一人

④の「情感で動かす」代表といえば、やはり鶴岡一人さんにとどめを刺す。

鶴岡さんが選手兼任で南海の監督になったのは戦後まもない一九四六年。以来、一年のブランクをはさんで二三年間も指揮を執り続けた。

〝親分〟という愛称が的確に示しているように、鶴岡さんは〝子分〟をつくりたがる人だった。恭順を示す選手には篤く応《こた》え、かわいがった。私の同僚でいえば、杉浦忠《ただし》や広瀬叔功《よしのり》、穴吹義雄といった連中がそうだ。食事や酒にもよく誘っていた。衣食住に事欠いていた終戦直後には球団と交渉してその確保にも努めたそうだ。当然、目をかけられた選手は、「親分を男にしてやろう」と発奮する。〝一家〟の団結は固かった。

同時に、鶴岡さんは「報酬」で選手を刺激するタイプでもあったといえる。

「グラウンドには銭が落ちている」

これは鶴岡さんの名言のひとつだが、西鉄の稲尾和久《いなおかずひさ》や中西太さんを引き合いに出し、よくいったものだ。

「よう見ておけ。あれがプロの球や、バッティングや。銭のとれる選手や」

個人的には、入団直後、カツ丼を食べさせてもらったことを思い出す。貧乏育ちで、テスト生上がりの私は、カツ丼なんて食べたことがなかった。うまかった。

「一流になれば、こんなにうまいもの毎日食えるんだ」

私はそう思い、「絶対にレギュラーになってやる」と誓ったものだ。

このように、鶴岡さんは「情」に訴えるタイプであったことは間違いないのだが、一方で〝一家〟と距離を置いている者、反発する選手には厳しくあたった。

何を隠そう、その代表が私だ。べつに私は反抗した憶えはないのだが、どういうわけか鶴岡さんにかわいがられなかった。たとえば、前妻との結婚の仲人《なこうど》を鶴岡さんに頼みにいったとき、「一選手の仲人を監督がするわけにはいかん」という理由で断られた。「もっともだな」と私は納得した。しかし、のちに広瀬が結婚したときには、鶴岡さんは仲人を引き受けたのである。

ほめられた記憶もほとんどない。

「おまえは二流の球はよう打つが、一流は打てんのう」

よく嫌味をいわれた。

もちろん、それは選手を発奮させる鶴岡さんの操縦法ではあったわけだが、私を快く思っていなかったのはたしかだ。その理由は、いまだにわからない。

私は別にアンチ鶴岡の急先鋒《きゅうせんぽう》だったわけではない。思い当たるとすれば、当時南海の選手は九九パーセント南海沿線に住んでいたにもかかわらず、私が阪急沿線に居を構えたことくらいなのである。

その後、私は南海の監督を務めることになり、在任八年間でBクラスに落とすことはほとんどなかったのだが、いまの妻との再婚がきっかけとなり解任された。これも鶴岡さんが私を嫌ったからだとされる。

監督就任と同時に、鶴岡人脈につらなるコーチを切り、ブレイザーをヘッドコーチに据えたのも気に障ったのかもしれない。というより、南海における私の影響力が大きくなっていくのを危惧《きぐ》したのではないか。

鶴岡さんは、ああ見えて意外と気の小さい人だったと思う。試合中でもピンチになると弱気なことをよく呟いていた。「打たれるぜ」「あかん今日は負けや」などマイナス思考を口にしていた。抑えると、ホッとしているのが見ていてもわかった。負けたときに必ずといっていいほど酒を飲んでグデングデンに酔っ払っていたのも（どんなに飲んでも翌日はケロッとしていたが）、酒の助けを借りて気分を紛らわせていたのだろう。子分をつくりたがるのも今思えば気の小ささのうらづけではなかったのか。

だから、私は鶴岡さんに対しては非常に複雑な気持ちを抱いているのだが、同時に鶴岡さんにはものすごく感謝をしているのも事実なのである。

私がプロでやってこられたのは、いま振り返れば、まさしく鶴岡さんが私にかけてくれた言葉のおかげだからである。

そのひとつは、プロ入り三年目のことだ。その年、南海はハワイで春季キャンプを行うことになり、私も〝カベ〟、すなわちブルペンキャッチャーとして参加させてもらえることになった。そのキャンプではハワイのチームと練習試合が何試合か組まれていたのだが、私にとっては幸いなことに、正捕手の松井淳さんが肩を痛め、出場できなかった。

しかも、控え捕手たちは観光気分で遊び呆《ほう》けて鶴岡さんの不興を買い、私にお鉢がまわってきたのである。結果、私は一〇試合に出場して三割をマークした。すると、帰国後、鶴岡さんがいったのである。

「ハワイキャンプは失敗だった。が、ひとつだけ収穫があった。野村に使えるメドがたったことだ」

もうひとつの忘れられない言葉をかけられたのは、レギュラーとなり、そろそろ一軍でやっていけそうだと感じていたころだった。あるとき、鶴岡さんがすれ違いざま、さりげなくこういったのだ。

「おまえ、ようなったな」

それまでほめられたことがなかったから、ほんとうにうれしかった。あの言葉があったから、私は自信を持てたし、もっとがんばろうと考えた。あのとき、鶴岡さんが「ようなったな」といってくれなかったら、その後の私のプロ野球生活はずいぶんと違っていたはずだ。その意味では私も、鶴岡さんの「情」で動かされていたといえるのかもしれない。ほめ方にも間接的な手法と直接的な手法があることを体験した。

革新性ももっていた鶴岡監督

ただ、誤解なきようにいっておくが、「情」だけでは勝つことはできない。鶴岡さんは南海監督在任二三年でリーグ優勝一一回、日本一にも二度輝いている。この成績は、選手が意気に感じるだけでは絶対に不可能だ。では、なぜ鶴岡さんはそれだけの実績をあげられたのか。

そのひとつは、スカウティングだ。昔は南海にかぎらず、監督みずからが選手との入団交渉に出かけていった。そうして鶴岡さんが獲得したのが当時映画にもなった穴吹をはじめ杉浦であり（立教《りつきよう》大学同期の長嶋茂雄《ながしましげお》は巨人にさらわれたが）、慶應義塾《けいおうぎじゆく》大学の渡辺泰輔といった選手たちだった。のちにスカウトという役職をつくり、選手の発掘・獲得を専門にやらせたのも、鶴岡さんが最初だったと聞いている。

また、専任のスコアラーを置いたのも鶴岡さんの時代の南海が最初だった。最初は戦力としてではなく選手と会社の契約更改のためのものだったが、それが戦力として使えることで試合に生かすことに役立てるようになった。選手時代の私は、スコアラーが記録した相手投手の配球のデータをもらい、それを毎日自分なりに工夫し、相手投手の攻略法を練った。三割バッターの仲間入りをすることができたのも、このデータの活用が大きかったのである。

さらに、南海土建というノンプロチームが都市対抗野球で優勝しそうになったことがあったが、じつはこのチームは鶴岡さんが南海の二軍をアマチュアと偽り、出場させたのだという。当時はまだウエスタン・リーグがなく、二軍の試合はかぎられていた。それで試合を経験させ、育成に役立てようと考えたのだと聞いている。

このように、鶴岡さんはただ「情で動かす」だけの監督ではなかった。ただ、ひとつだけどうしてもわからないのは、「なぜ、鶴岡さんは私のことを自慢しなかったのか」ということだ。

なぜなら、私はまったく無名のテスト生から正捕手となり、四番バッターになったはじめての選手だといってもいい。その私を抜擢《ばってき》し、起用したのは鶴岡さんだ。とすれば、明らかに鶴岡さんの功績である。なぜ、「私が育てた」と公言しなかったのか。それがいまでも不思議でならないのである。鶴岡さんにとって私は自慢のタネのはずなのに何故嫌われたのか今もってわからない。

知将・三原脩

長年にわたって薫陶を受けただけに、鶴岡さんの話がつい長くなったが、その鶴岡さんと同時期に火花を散らしたのが三原脩さんと水原茂さんだった。

このふたりは、四国・高松の旧制中学時代からのライバルだったが、先の六つのファクターにあてはめてみると、意外にも同じタイプのような気がする。すなわち、選手を「理解」し、⑥の「自主性」を重んじながら、ときに②の「強制力」もうまく発揮したように見えるのである。

三原さんは著書のなかでこう書いている。

「選手は惑星である。それぞれが軌道を持ち、その上を走ってゆく。この惑星、気ままで、ときには軌道を踏み外そうとする。そのとき発散するエネルギーは強大だ。遠心力野球とは、それを利用して力を極限まで発揮させる。私が西鉄時代に選手を掌握したやり方である」

巨人時代の三原さんを私は知らないが、九州に下った三原さんが預かることになった西鉄は〝野武士集団〟。よくいえば豪快だが、荒っぽい気性の選手が多く、それが野球にも表れていた。三原さんはそうした猛者《もさ》たちの個性を尊重したうえで、その力を最大限に利用することを基本に置いたのではないか。

ただし、太陽系の惑星が太陽の周りを回っているように、選手という惑星も中心を必要とする。それがなくてはバラバラになってしまう。その中心的な役割を果たしたのが「知将」と呼ばれた三原さんの卓越した野球理論だったと私は思う。これがあったからこそ、選手は軌道を大きく踏み外すことはなかったのだと……。

三原さんはスカウト能力にもすぐれていた。中西太さん、豊田《とよだ》泰光《やすみつ》さん、稲尾和久といった有能な選手をみずから交渉に乗り出して獲得し、まさに〝熱い鉄〟の状態から彼らに三原野球を叩き込む一方、近藤昭仁《あきひと》や仰木彬といった脇を固める〝超二流〟選手もうまく起用した。

さらに相手の先発投手が予想できないときに控え選手や投手をオーダーに入れておく当て馬や、ワンポイントリリーフを送る際にもとのピッチャーを一時的に外野などに待避させるといった奇策を次々に編み出し、選手たちをも驚かした。

三原さんが西鉄や近鉄の監督だった時代に私は何度も対戦したが、じつにいやな相手だった。鶴岡さんと対照的に三原さんは、自軍の選手は徹底してほめあげ、敵軍の選手をこきおろした。選手が守備からベンチに帰ってきたときは先頭に立って抱きつかんばかりに出迎えたし、自宅や料亭に選手を呼んで酒席をともにすることも多かったと聞く。

だが、敵の選手に対しては冷徹な態度をとったり、ひどい発言をした。あるとき、球場で鉢合わせしたので「こんにちは」とあいさつすると、「フン」とソッポを向かれたこともある。まあ、こうしたことは味方選手の気分を乗せ、優越感を与えるとともに、相手選手の冷静さを奪うことが目的ではあったのだろうが……。

ちなみに三原さんの直系といえる仰木彬に触れておけば、間違いなく三原さんの影響を受けている。選手に対する接し方や選手の能力を見抜く眼力、めまぐるしく打順をいじるあたりは、やはり三原さんから学んだものだろう。

ちょっと気取って上を向きながらベンチから出てくるところや、選手交代や抗議に向かうとき、わざと遅れて現れて相手を焦《じ》らすところなどもそっくりだ。

加えて、野茂《のも》英雄《ひでお》やイチローが非常に慕っていたのを見ても、「情感」という面でも訴える力を仰木は持っていたように思う。

ダンディな勝負師、水原

その三原さんのあとを受けて巨人の監督になったのが水原さんである。水原さんは巨人監督在任一一年間で八度のリーグ優勝を達成、日本シリーズも四回制している。水原さんが率いたころの巨人も、川上さん、青田さん、千葉茂さん、別所毅彦《べっしょたけひこ》さんといった強力なサムライたちが揃っていた。彼らは高い技術力を持っている一方、個性的でプライドが高く、一筋縄ではいかない選手ばかりだったはずだ。

したがって監督は、そうした選手たち個々の力を活かしながら、チームとしても統率していくことが求められる。自主性だけに任せておいてはバラバラになるし、一方的に強制しては反発を招く。

私も南海の監督時代は門田博光《かどたひろみつ》、江夏豊《えなつゆたか》、江本孟紀《えもとたけのり》というきわめて個性的で扱いにくい選手とつきあわなければならなかっただけに、その苦労が並大抵でないことは身にしみてよくわかっている。そのあたりのバランスを巧みにとり、巨人の第二期黄金時代を築いたところに、水原さんが名将たる所以《ゆえん》があると考えるのだ。

同時に水原さんは慶應ボーイでハイカラな人だっただけに、進取の気性にもあふれていた。ブロックサインをはじめて日本で披露したのは水原さんだし、右ピッチャーには左バッターを、左ピッチャーには右バッターを並べて打線を組むツープラトンシステムやワンポイントリリーフといった作戦も、水原さんがメジャー・リーグから持ち込んだものだ。また、先発ローテーションというものを確立したのも、水原さんの時代の巨人だったと思う。

そしてなにより、スター性があった。尻《しり》から足にかけてのラインを美しく見せるためにユニフォームの下に鹿革のパンツを穿《は》いていたというし、いつも鏡に自分の姿を映していかにかっこよく見せるか気を遣っていたと聞く。

青田さんによれば、遠征の宿舎でもみんなが旅館の浴衣《ゆかた》を着ているのに、ひとりだけ特別あつらえのものを着ていたそうで、私生活ではいつも英国製のソフトをかぶっていた。三原さんが見た目にも野暮《やぼ》ったく、鶴岡さんもいっさいそういうことには気を遣わない人だったから、水原さんのダンディぶりはよけい目立ったものだった。

六つのファクターをすべて持っていた川上哲治

選手として私は水原巨人と日本シリーズで対戦している。このときは杉浦の四連投四連勝で勝利したこともあって、巨人に対してそれほど怖さは感じなかった。水原さんの華やかさが、ともすればチームにも波及し、どことなく緩んだムードを感じたからだ。

ところが、川上哲治さんが監督になったとたん、巨人の雰囲気が一変した。ピーンと張り詰めたムードが漂うようになった。その川上監督こそ、私が歴代ナンバーワン監督だと認め、もっとも尊敬している人である。

川上さんの先見性や当時の巨人の強さの秘密などについては拙著『巨人軍論』でも詳しく述べたのでここでは多くに触れないが、川上さんは先に述べた六つのファクターのうち、すべてを持っていた人だと思う。

恐怖や威厳という面は巨人のムードがガラッと変わったことで明白だし、選手を絶対的に服従させる「強制力」がいかほどのものであったかは、あの長嶋でさえミーティングでメモをとらなかったという理由でピシッと叱ったエピソードから想像できる。

「理解して動かす」という点は、適材を適所に配してすばらしい打線をつくりあげたことがなによりも証明しているし、自主性についてはどこまで尊重されたかは定かではないが、選手たち自らが野球について深く考え、取り組まなければ、九連覇などという偉業は達成できるものではない。

また、「報酬」ということでは、じつはいまのような選手の評価システムの先鞭《せんべん》をつけたのが川上さんなのだ。

それまでの査定は、バッターならホームランや打率、打点が大きく評価されていたが、川上さんは「たとえばサヨナラヒットはヒットを打ったバッターだけの手柄ではない。二塁にいたランナーはもちろん、そのランナーを二塁に進めたバッターがいたから勝てたのである。彼らも同等に評価してあげたい」との考えから、それまであまり評価の対象にならなかったプレーにも光を当てさせたそうだ。

九連覇を支えた人間教育

残る「情感」についてだが、川上さんは非情だったといわれる。たしかにそうだろう。勝つためには手段を選ばなかったし、不満分子は一掃した。

だが、だからといって川上さんが選手に対して愛情を持っていなかったとは思えない。いかに川上さんが選手のことを考えていたかは、次の川上さんの発言に集約されているのではないか。

「プロの選手として働ける時間は短い。ほとんどの選手はその後の人生のほうが長い。ほかの社会に入っても、さすがはジャイアンツの選手だといわれるように、バカにされない人間にしておきたかった」

　そうした考えから、川上さんは選手たちに「野球人である前にひとりの人間であること」を厳しく説いた。森の話では、川上さんはミーティングを頻繁に行ったが、その際、野球の話はほとんどしなかったという。人間として生きるとはどういうことかという話に終始したそうだ。自身も座禅を組んだり、正眼寺《しょうげん》の梶原逸外さんという高僧を招いて講演してもらったりもした。それこそがほかの「名監督たち」と川上さんの最大の違いであると思うと同時に、私が川上さんを尊敬し、目標とする理由なのである。

「あのメンバーなら誰が監督でも勝てた」

　川上さんについてよく聞く誤解である。たしかに一度なら誰がやっても勝つことはできたに違いない。だが、「勝ち続ける」ことは絶対にできない。

　私自身、連覇の経験は一度もないからよくわかる。一度優勝すると選手はもちろん、監督の気持ちも緩んでしまうのだ。

　それではダメだとわかってはいるのだが、どうしてもホッとしてしまう。連覇するためには前年以上の厳しさと努力が必要なのである。まして九年間も勝ち続けるなどというのは、私にはいまだ現実とは信じられない。森が西武であれだけ勝ち続けられたのも、川上さんのもとでどのように手綱を引き締めればいいのか学んでいたことも大きいのではないかと思う。

それはともかく、そうした偉業の根底にあったのが、川上さんが施した人間教育だったと思うのだ。人間としてどう生きればいいのか考えれば、当然野球に対する取り組みが変わる。取り組みが変われば、おのずと結果も変わってくるはずだ。川上さんはそのことを誰よりも理解されていたのだと思う。

第三章　間違いだらけの監督選び

迷走したWBCの監督選び

「おれしかいないかな」

二〇〇九年三月に開催される第二回WBC。

連覇をかけてこれに臨む日本代表監督として、「自分が就任を要請されるのではないか」

――いまだから明かすが、私はそう考えていた。

結果は、ご承知のようにセ・リーグの優勝監督である巨人の原辰徳《たつのり》が選出されたわけだが、決定までの経緯は二転三転した。

当初確実視されていた星野仙一が北京オリンピックで惨敗したことにより、就任を固辞。多くの人々がベストだと考えていた、前回監督として日本を世界一に導いた王貞治も、健康上の理由から引き受けるのは無理とのことだった。

そこで急遽《きゅうきょ》、WBC体制検討会議なるものがコミッショナー主導で結成され、顧問を務める王を中心にして、星野仙一、高田繁《しげる》、野村謙二郎、そしてなぜか私もメンバーとして召集された。

第一回の会合が開かれたのが二〇〇八年一〇月一五日。この席で王が「日本代表監督は現役監督ではむずかしい」と発言したことから、再び星野の名前が浮上する。

しかし、世論の批判に加え、イチローの「最強のチームをつくるというのに現役監督はないというのは、最強のチームをつくろうとしているようには思えない」との発言も影響してか、またもや星野が固辞。再び人選は白紙に戻った。

「おれにくるのかな」

私がそう思ったのは、そのときである。幸せなことであるが、テレビ局が実施した「誰に監督をやってもらいたいか」というアンケートでは私がもっとも支持を集めたし、落合博満中日ドラゴンズ監督も「ノムさんがいい」とコメントした。

ところが、二回目の会合ではそんな話はまったく出なかった。落合や私の名前があがることはいっさいなかった。二人の名前が全く出てこないのは何故かという疑問がふっと湧いた。私から切り出した。

「落合の名前が全然でてないけど……」

するとと王が間髪入れず、

「落合はダメだ」

と返答した。

そして、一時は日本シリーズの優勝監督が代表を率いるべきだとの意見もあったものの、最終的には原が監督に選ばれたのである。

人材不足が監督選考を難航させた

私は、なにも自分が選ばれなかったことに腹を立てているわけではない。原は〝メークレジェンド〟を完結させたセ・リーグの優勝監督だし、選手やファンの多くも納得しているようだ。私もぜひともがんばってほしいと思う。

ただ、私が憤懣《ふんまん》やる方なく、かつさびしい気持ちを抱いているのは、その決め方である。きちんと議論を尽くして原を選出したというのなら、私は何もいわない。だが、この場合、WBCのアジア予選を主催する読売グループの意向が影響していたとしか考えられないのである。

「出来レースじゃないか」

会合後、私は思わずそういってしまったが、どうしても私には最初から原で決まっていたのではないかという疑念が拭《ぬぐ》えないのである。会議は、民主的な手続きを踏んだということを示すためだけの、いわば御用会議でしかなかったとしか思えないのだ。

もし、ほんとうにそうだったとしたら、それはとりもなおさず「監督」という存在をないがしろにするものだ。冒瀆《ぼうとく》するものであるといってもいい。

一球ごとに間がある野球では、試合においても監督の役割はほかのスポーツよりはるかに大きい。しかも、WBCのような短期決戦においては、その采配《さいはい》ひとつ、選手起用ひとつで勝敗が決することもある。ましてWBCは世界の強豪が一堂に会して世界一を決める国際大会。監督選びは選手選考以上に重要視されていいはずだ。選手を選ぶのは監督なのである。

ただし、ここまで日本代表の監督選考が難航したのには、「人材不足」という理由を無視できない。というより、それが最大の原因だといっても過言ではない。

「リーダー不在の時代」といわれるが、それは政財界にかぎらず、プロ野球の世界も例外ではない。監督としてチームを率いていけるだけの人材が、非常に少なくなった。

すでに第二章で見てきたように、昔は名監督と呼ばれる人がたくさんいた。彼らはみな、「チームの顔」といってもよかった。チームづくり、采配、用兵、みな一様に個性があり、それぞれ異なる野球を展開していた。

三原脩さんと水原茂さんのように、監督同士がライバル関係で語られることも多かった。その対抗心が幾多の名勝負を生み出すことにもなった。誰が見ても、「名将だな」と思わせるだけの「重み」も感じられた。

翻って、いまはどうか。私も含めた一二球団の監督を見渡して、そうしたものを感じさせる監督が何人いるだろうか。どの顔を見ても、威厳や風格を感じさせず、軽く、安っぽくなってしまっている。野球理論で選手を圧倒できる者も見当たらない。

福岡ソフトバンクホークスの王貞治が勇退したいま、監督としての私がライバルだと認め、闘志を燃やせる監督は、ひとりもいなくなったといっても過言ではない。

間違いだらけの監督選び

いったい、どうして人材がいなくなったのか。なにゆえ、いまの監督は軽く、安っぽくなってしまったのか。

その第一の理由は、各球団の監督選びの基準にあると私は思っている。

近年の監督の人選を見ていると、必ずしも「監督としての能力」が第一に考慮されているようには見えない。はっきりいえば、一に「人脈」、二に「タレント性」、三に「順番」、そして最後が「能力」という順序で監督が決められているように思えてならないのである。

説明しよう。

まず「人脈」だが、かつてのプロ野球には、両リーグに〝ドン〟とも呼ぶべき絶大な影響力を持つ人物がいた。巨人軍監督として九連覇を達成した川上哲治さんと、南海ホークスの監督を二三年間も務めた鶴岡一人さんである。

おふたりは長期間にわたって巨人と南海の指揮を執られ、ともに監督を退いてからはNHKの解説者を務めたことで、それぞれの球団だけでなく、球界全体に大きな影響力を維持することになった。

そのため、一時期の一二球団の監督やコーチは、悪い表現をすれば、川上さんと鶴岡さんの「息がかかった」人物が多数を占め、その人脈からはずれた指導者を探すのが難しいほどだった。

代表的な例をあげれば、川上さんの直系は西武ライオンズの黄金時代を築いた森祇晶を筆頭に、長嶋茂雄のあとを継いで巨人軍の監督を務めた藤田元司さん、王貞治、堀内恒夫、高田繁ら。鶴岡門下は杉浦忠（福岡ダイエー）や広瀬叔功（南海ホークス）、穴吹義雄（南海ホークス）らがあげられる。

また、上田利治や星野仙一、山本浩二、そして原辰徳らはいずれもNHKの解説者時代にふたりの、もしくは川上さんの影響を受けているはずだ。

川上さんと鶴岡さんは、ともにすばらしい実績をあげた名監督であることはいうまでもない。したがって、そのもとから多くの指導者、監督が育っていくのも当然のことだ。

ただ、なかには監督としての資質を持たないにもかかわらず、たんにふたりのおぼえがめでたいというだけでその地位に就いたとしか思えない者も多数いたといわざるをえないのである。

逆に、川上さんと鶴岡さんとそりが合わなかったり、反旗を翻したりしたことで、干されたり、苦労させられたりという苦汁を味わった者も少なくない。広岡達朗さんがそうだし、長嶋が解任されたのも彼が独自に組閣を推し進めたことが川上さんの怒りを買ったからだったという。かくいう私も鶴岡さんの子分にはなれなかったため、南海の監督を解任され、その後も長らく他球団から声がかかることもなかった。

すでに鶴岡さんは鬼籍に入り、川上さんもかつてのような影響力は失われているかもしれない。けれども、人脈による監督選びがなくなったかといえば、そんなことはない。代わって影響力を発揮するようになったのがオーナーである。オーナーや有力後援者と深いコネクションを持つ人間が監督になることが多いのは、みなさんもお気づきだろうと思う。

タレント性

次のタレント性については述べるまでもないだろう。

現役時代に人気選手だったOBを監督に据えるケースが多いのはいつの時代も変わらない。長嶋茂雄が最たる例であり、村山実や吉田義男さんをはじめとする阪神の歴代監督や、ダイエーの監督になった田淵幸一、広島のスターだった山本浩二らがその代表だ。王がダイエーの監督に招聘《しょうへい》されたのも、彼の持つ人気と知名度があったからだったと思う。

現役の監督では巨人の原や西武の渡辺久信、北海道日本ハムの梨田昌孝らがそうで、二〇〇九年から阪神の指揮を執ることになった真弓明信《まゆみあきのぶ》もこの系列といっていいだろう。

では、なぜタレント性を監督選びの基準においてはいけないのか。理由は以下の五つがあげられる。

① 選手時代の名声が高いあまり、監督としての実績がゼロであるにもかかわらず、自分ならできると思ってしまう。

②　とりわけ名選手であった場合は、自分のレベルを基準において選手を見てしまいがち。したがって、並の選手の心情を理解できず、技術指導においてもなぜ自分と同じことができないのかと思い、結論が早く愛情を伝えられない。
③　主役願望が強いので、試合でも自分が目立とうと思い、つい動きすぎる。
④　現役時代は自分中心でプレーしていたので、相手の立場で考えられない。そのため、相手の嫌がること、作戦が読めないし、読もうともしない。勝負の本質を知らない。
⑤　多くは天性だけでプレーできたので、データや情報を活用する術《すべ》を知らないだけでなく、軽視する。

いま名前をあげた監督たちがみなあてはまるというわけではもちろんないが、いくぶんかはこうした傾向を持っていると思われる。

加えて彼らの多くは中心バッターだったケースが多く、どうしても派手な攻撃野球を志向する。それゆえ適材適所を無視しがちで、緻密さや細かさに欠けることになり、ただ投げて打つだけの荒っぽい野球になってしまうのだ。

そしてもうひとつ、これは監督の責任ではないが、元スター選手を監督にすると、成績が低迷した場合、往々にして批判の矛先が監督ではなく選手やコーチ陣、フロントに向かってしまうのだ。

つまり勝てないのは監督が悪いのではなく、選手やコーチ、フロントが悪いということになり、勝てない理由の本質にある問題がすり替えられてしまうのである。

西武・渡辺監督と巨人・原監督の違い

二〇〇八年の日本シリーズは、巨人の原辰徳と西武の渡辺久信という、タレント性ある監督同士の対決となった。

同時にこのふたりは、ともに選手に緊張感を与える威厳や貫禄にはやや欠ける反面、選手と積極的にコミュニケーションをとることでのびのびとプレーさせ、信頼を勝ち得るタイプの監督であったと思う。たとえば原は選手たちにポケットマネーで高級焼肉をごちそうすることが多いと聞くし、渡辺は何かというと選手に抱きついたりして、兄貴分のような雰囲気を醸し出し、若手が多い選手たちと接していた。

その日本シリーズは第七戦までもつれ、最終的には王手をかけられた西武が逆転で四年ぶり、一三回目の日本一に輝くことになった。では、この勝敗を分けたものとはいったい、何だったのだろうか——。

　むろん、さまざまな要因がからみあってはいるわけだが、そのひとつとして、これまで原と渡辺がそれぞれ身を置いてきた環境の違いも大きく影響したのではないかと私は見ている。

　原も渡辺も、いわばエリートである。

　原は東海大相模高、渡辺は前橋工高時代からその実力を買われ、原は東海大を経て巨人に、渡辺は高校から西武に、いずれもドラフト一位で入団している。原は一年目からレギュラーとなって長らく巨人の四番を打ち、一方の渡辺も二年目には早くも頭角を現し、その後は常勝西武のエース格として活躍した。

　ただ、それからのふたりの歩みは、かなり異なる弧を描くことになった。原がスター選手のまま引退し、NHKの解説者、長嶋のもとでのコーチ生活を経て、なかば規定路線のようなかたちで巨人の監督に迎えられたのに対し、渡辺は現役時代からそれなりの苦労をしてきている。

　八〇年代後半から九〇年代前半にかけて西武の黄金時代を支えた渡辺だが、一九九七年は未勝利に終わり、チームの若返り方針もあってヤクルトに移籍。しかし、一勝しかあげられずにその年かぎりで戦力外通告を受け、台湾にわたってコーチ兼任で三年間プレーした。その後解説者を務めたあと、ピッチングコーチとして西武に復帰したのが二〇〇四年。翌年から二軍監督となり、二〇〇八年にようやく一軍監督となったのである。

その間、渡辺はひとりの人間としてもさまざまな経験をしたに違いない。人を見る目も養っただろうし、悩み、苦しむことも多かったろう。野球ができることへの感謝の気持ちも生まれたはずだ。台湾時代には素質だけでプレーしていたピッチャーの態度を叱りつけたこともあったらしい。そして、そうした経験は、監督になったときの渡辺の大きな力となったと思うのである。

原とて〝巨人の四番〟という、経験した者でなければわからないであろう重圧に耐え抜いた点はすばらしいと認めるにやぶさかではない。第一次政権の際には球団代表と衝突し、辞任。この監督交代を当時の渡辺恒雄オーナーに「グループ内の人事異動」といわれる屈辱も味わった。

ただ、どうしてもエリートとしてのひ弱さ、スター選手としての自分のイメージを拭い去れないでいる。渡辺に較《くら》べると、地獄を見ていないのである。ここに、監督としての、勝負師としての、ふたりの差があり、それが日本シリーズの明暗を分ける一因になったと私は感じるのだ。

むろん、この経験を糧に原は監督として大きく成長する可能性があるし、渡辺が真の名監督であるかどうかは二〇〇九年以降の戦いが証明することになる。ただ、渡辺は、少なくともいまあげたタレント監督の欠点のかなりの部分を克服しているといってもいいのではないかと思う。

でなくては、一年目からチームを日本一に導くことはできなかったはずである。

順番性

「順番性」による監督選びというのは、先にあげた人脈とタレント性とも関連するが、要するに「年功序列」による選び方といっていい。そのチームの生え抜き選手を順繰りに監督にしていくというケースである。

もちろん、かつての巨人のように、監督たりえる資格を備えていると思われる人物をあらかじめピックアップし、現役時代から帝王学を仕込んでおけば問題はないし、むしろチームにとってはいいことだ。

かつての巨人は三原脩さん—水原茂さん—川上哲治さんというしかるべき人たちが監督

に就いたことで常勝チームを築く礎としたし、あとで触れるつもりだが、近年はヤクルトスワローズにそういう雰囲気がある。

したがって、明確な意志を持った「順番性」であるならいいのだが、そうした手続きを踏まずにいきなり「今度はおまえの順番だから」というのでは、成功するわけがない。そして、往々にして弱いチームほどそういう傾向が強い。

南海が凋落《ちょうらく》したのは、それが原因だったと私は思っている。南海の監督は、鶴岡さんがやめられたあと、スター選手だった飯田《いいだ》徳治《とくじ》さんが務めたが、最下位となって一年で辞任。そこで私が選手兼任で八年間指揮を執ったわけだが、その後監督となったのは広瀬、穴吹、杉浦。いわば鶴岡さんの〝子分〟を順番に据えたといっていい。

結果、いずれも期待に応《こた》えられず、南海はダイエーに身売りされることになった。「人脈」と「順番性」ではなく、「能力」を第一に考慮して監督を選んでいれば、行く末は違ったと思うのである。

そもそも弱いチームで経験した野球を検証することなしに、順番が来たからというだけで監督になって実践しても、勝てるはずがない。言い換えれば、かつて弱い時代のヤクルトが広岡達朗さんを招聘し、その後もなんの縁もゆかりもない私を抜擢《ばってき》したように、弱いチームほど「監督としての能力」を人選の第一の基準に置かなければならない。そうすることなくしてチームが生まれ変わることはないのである。

短くなった監督の賞味期限

ただ、監督選考の条件として、「能力」を問うことがいちばん最後になってしまっているのは、つきつめればいまの球界に監督としての能力を備えた人材が払底していることが原因といえないこともない。能力を問おうにも、その候補がいないのである。

だいたい、すでに七〇歳を過ぎていた私が楽天に請われたのがなによりそのことを証明しているし、今回のWBCのすったもんだを見ても明らかだ。

それでは、いったいなぜ、こんなにも人材がいなくなってしまったのだろうか。

第一の原因は、現在の監督の在任期間が極めて短くなっていることがあげられる。最近でこそ三年契約というのがひとつの目安になりつつあるようだが、少し前までは一年か二年でクビを切られることもめずらしくなかった。

昔の監督は、みな長期間にわたって指揮を執っていた。鶴岡さんが二三年間も南海ホークスを率いたのは別格としても、巨人では川上さんが一四年、水原さんが一一年、西本幸雄さんが阪急ブレーブスで一一年、西本さんの後を襲った上田利治は一五年、森祇晶は九年にわたって西武ライオンズの監督の座にあったし、かくいう私も南海で八年間、ヤクルトスワローズには九年間お世話になった。

これらのケースを考えれば、いまの監督の賞味期限はあまりにも短いといわざるをえない。例外は福岡ソフトバンクホークスを一四年率いた王貞治くらいのものだろう。

むろん、先に名前をあげた監督たちは、それぞれ結果を出したからこそ長期政権が続いたわけだが、かつてはその監督を信頼し、チームがつくられるのを待つだけの余裕が球団側にあったと思うのである。だからこそ、監督たちは選手を教育し、育て、信頼を得てみずからが目指す野球に取り組むことができた。

ところが、いまはすぐにでも結果を出さなければ即クビを切られてしまう。そうした状況では、どうしても「勝つこと」を最優先せざるをえない。勝つためには選手を育てることより有力選手を補強するほうが手っ取り早いし（むろん、ある程度の補強は強化には絶対に必要なのだが）、選手たちをほめそやし、おだてながら自由にのびのびと気分よくプレーさせたほうがいい。厳しく接して反発されたら、そうかんたんには信頼関係は築けない。だから、多くの監督はそうする。

だが、それなら極言すれば誰が監督をやっても変わらない。むしろ能力はあっても人気のない監督より、パフォーマンスが注目を集め、集客力が期待できる監督のほうがいいし、人脈や年功序列で選んだほうが波風も起こりにくい。かりに失敗しても、球団フロントが責任を問われるおそれは少ない。

それこそ「勝てないのは監督が悪い」といえるからだ。

なにより、そんな環境ではたとえ潜在能力を持っている監督であっても、それを磨き、伸ばし、開花させる機会が与えられない。どんな名監督だって、戦力が揃っていればともかく、最初からうまくいくわけがない。経験が必要なのである。

監督は「褒める」「教える」「鍛える」（実践）を認識しそれを繰り返し業務を果たすべきである。

監督養成システムの崩壊

もうひとつ、監督の賞味期限が短い状況では、次期監督の候補に帝王学を学ばせることもできない。これも人材が不足している原因のひとつだと私は思っている。

大企業の社長の大きな仕事のひとつには、「誰を後継者にするか」ということがあり、その成否が会社の命運を決めるといわれるが、かつての巨人は、三原―水原―川上―長嶋、そして王へと、監督が受け継がれるシステムができていた。

監督が一〇年単位でチームを預かっていれば、そのあいだに何人かは誰が見ても「次期監督はこの選手だ」と目する幹部候補生が現れるものである。そして、その人間が現役のころから、監督は「監督学」ともいうべきものを仕込むことができるのだ。

巨人の歴代の監督たちは、自分の後継者たる未来の監督候補に対して、現役のころから監督としての心構えを植え付けていたはずだ。

三原さんから水原さんの政権交代はスムーズではなかったのは事実だが、水原さんは川上さんをコーチや助監督にしたし、川上さんも長嶋と森を選手兼任コーチにし、王を主将に据えるという人事を行った。

王が監督に就任する前、川上さんの薫陶を得た藤田元司さんと牧野茂さんのもとで助監督を経験したのはみなさんもご承知のことだろう。そうすることで、巨人が築いてきた野球というものがある時期までは受け継がれるようになっていた。

私がいた南海でも、鶴岡さんが辞任されたあとはヘッドコーチだった蔭山和夫さんが昇格し、その後を私に継がせる予定だったという。蔭山さん自身、「自分は野村までのつなぎ」と自認し、私を育てようと考えていたようだ。そのことをあとになって私は、蔭山さんと親しい記者から聞いた。その記者によれば、蔭山さんは「自分はおまえまでのつなぎである」と実際に私に伝えようとしていたそうだ。

東京遠征に行ったときのことである。蔭山さんに、

「寿司を食いに行こう」

と誘われた。ところが、あいにく私には約束があり——じつに他愛のない約束だった——断ってしまった。めずらしく蔭山さんは怒ったが、しかたがない。それでその記者が代わりにつきあうことになり、いろいろ本音を聞かされたというのだ。蔭山さんは、私にこういいたかったらしい。

「将来の監督は野村だ。野村が現役を引退するまで、なんとかおれがつなぐから、おまえは将来監督になるという心積もりで毎日を送るように——」

ところが、蔭山さんは急逝し、その言葉を私に伝えることができなかった。だから、四年後に私が監督就任を要請されたとき、私自身に監督としての心構えができていなかったし、在任中も後継者づくりを考える余裕などなかった。まだ三五歳で現役バリバリだったのだ。

先ほど述べたように、南海の凋落はここからはじまった。私が解任されたあとは、人脈による監督選びが続くようになったからである。それは、長嶋が再び監督となって以降の巨人も同様だ。

近年のチームで、そうした監督養成システムが機能しているのは、ヤクルトくらいだろう。私が退いたあと、ヤクルトの監督は若松勉《つとむ》、古田敦也、高田繁が務めており、高田は別にしても、一見年功序列のように見えるかもしれない。だが、まだ監督だったころに私はオーナーに訊《たず》ねたことがある。

「次は誰を監督にするつもりですか？」

そのときはオーナーは明言しなかったが、あるとき若松がコーチとして呼び戻された。それで「次は若松だな」と私は直感すると同時に、「若松をクッションにしてその次は古田に継がせるに違いない」と思い、彼らにはそれなりの接し方をしたつもりである。

古田が予想外に早く辞任したことで、急遽高田がその後を襲うことになったが、その際には荒木大輔《だいすけ》を呼び戻し、入閣させた。つまり、高田のもとで経験を積ませたあとで荒木を監督に就かせ、その後は宮本慎也《しんや》に託すという流れができているに違いない。

ヤクルトが毎年のように主力選手を失いながらもそれなりの成績を残せているのも、私がいうのもおこがましいが、私が九年間で敷いた「ヤクルトの野球」というものを、現役、解説者、コーチ時代を通してそれなりの意識を持って学んだ人間が監督となって受け継いでいったからだと自負している。

本人が「自分が次期監督候補である」という意識を持てば、当然野球を見る目や選手を見る目が変わってくる。「自分ならこうする」とか「なぜ監督はこういう采配をしたのだろう」などと、選手時代とは違う視点で野球を見るようになる。発見があり、反省がある。そうやって監督業を少しずつ学んでいくことができるのである。

人材不足を象徴している外国人監督の増加

監督の人材不足をなにより雄弁に物語っているのが、外国人監督が増えてきたことだろう。国内に人材が払底しているから、外国人を呼ぶしかなくなっているのである。

私は別に国粋主義者ではないが（そもそも私は外国人であるブレイザーをヘッドコーチにした最初の人間だ）、決していい傾向ではないと思っている。やはり、日本のチームは日本人監督がいい。

その理由の第一は言葉の問題である。選手が疑問を持ったり、質問をしたいと思っても、いちいち通訳を通さなければならないのである。必ずしも正確に伝わらない可能性もある。が、それ以上にやはり育った文化の違いという壁が非常に高いと私は思っている。日本には日本の、アメリカにはアメリカの固有の文化がある。当然、風習も考え方も違う。外国人監督は、往々にしてそういういわば日本の根底ともいうべきものを理解せずにアメリカの野球を押しつけようとする。そこが私には疑問なのである。

日本人の気質を理解し、それを活かした上にアメリカの野球を導入するのはいい。けれども、彼らの大部分は「日本の野球はレベルが低い」と考え、どうしても上からの目線で日本野球を見ようとする。そうして日本人の気質を無視してアメリカの野球をやらせようとするのである。

たしかに野球だけを取り上げれば、アメリカのほうがすぐれているのかもしれない。いや、すぐれていると仮定しよう。だが、実際にプレーするのは選手だ。選手に動いてもらわなければならないのだから、日本人をよく理解しなければうまくいくはずがない。日本人の名監督だって、アメリカで指揮を執るならアメリカ人を理解しなければうまくいかないに違いない。

「結果が出ているではないか」といわれるかもしれない。そう、バレンタインにしてもヒルマンにしても、広島のブラウンにしても、チームの成績を向上させている。正直、それが私には悔しいのも事実なのだが、負け惜しみ覚悟でいえば、彼らは勝ち続けることはない。ということは、ほんとうに強くなったとはいえないのである。

その意味でヒルマンには注目していたのだが――事実、彼はすばらしいチームをつくったと思う。彼は帰国する際、私のところにやってきて「勉強させてもらいました。アメリカでも野村野球をやります」といっていた――彼は日本一を置き土産にしてアメリカに帰ってしまった。

外国人監督を私が認めない最大の理由は、じつはここにある。所詮《しょせん》、彼らは腰かけなのである。ヒルマンがロイヤルズの監督就任会見に出るため、日本シリーズに向けての練習を放り出して渡米したことがそれを如実に示している。

もっといえば、彼らの九割方は金が目当てなのだ。日本に骨を埋めようなどという考えはほとんどなく、自分のキャリアアップしか考えていない。だからアメリカから声がかかれば即、チームをほっぽり出して嬉々《きき》として帰ってしまうのだ。

選手への愛、チームへの愛というものは、監督には絶対に欠かせない。それがなければ選手はついてこない。そこが外国人監督は稀薄だと私は感じるのだ。

なぜ知将が少なくなったのか

近年は「知将」と呼ばれる監督が少なくなった。必ずしも野球の知識＝名監督の条件というわけではないのはすでに述べたとおりだし、これだけ情報があふれ、野球が進化した現代にあっては、かつてのように監督の知識や理論だけで勝つことはむずかしいのも事実である。

とはいえ、少なくとも野球の知識や理論に関して監督は絶対に選手に負けてはならないし、独自の野球観を持っていなければならない。にもかかわらず最近は、その知識や理論で選手やメディア、ファンを唸《うな》らせる監督やコーチ、評論家はほとんどいない。

落合が評論家時代、阪神のキャンプにやってきて三時間も四時間も野球談義をしたことは前に書いた。内容はほとんど忘れてしまったが、ひとつだけ憶《おぼ》えているのは、彼がこういったことだった。

「野球界広しといえども、野球の話ができる人はほかにいないんですよね」

落合のこの発言が、いまの状況を物語っているといっていいだろう。

では、なぜ確固たる理論と知識を持った監督がいなくなったのか。その理由は、昔に較べていまの監督の野球に対する取り組みが、現役のころから甘いことに起因しているように思う。研究心や向上心に貪欲《どんよく》さが感じられないのである。

長嶋のような天才以外、プロに入ってくるような選手の素質は大差ないと私は思っている。ということは、持てる素質を開花させ、かつそこにプラスαを加えられるかどうかが、プロとして生きていく条件となるわけだ。

現役のころから私は、数々の選手を見てきたが、よくこう思ったものだ。

「素質を見込まれてプロに入ったのに、どうして努力しないのだろう」

きっと、そういう選手はプロに入っただけで満足してしまうのだろう。子どものころから憧《あこが》れ続けてきたプロ野球の選手になったことで達成感を感じてしまうのだ。

だが、プロに入ったということは、到達点ではなく出発点なのである。にもかかわらず、多くの選手は夢を達成したことでそこを終着点だと思ってしまう。それでホッとしてしまい、向上心をなくしてしまい、持てる素質すら開花させられないで終わってしまうのである。

「そんなことはないだろう」と思われるかもしれない。だが、長年この世界で生きてきた私から見ると、現実にそういう選手が大多数なのだ。苦しんで考えて工夫して実践してこそ、独自の哲学、思想が生まれるのだ。

限界を知ることの大切さ

別に自慢をするわけではないが、私は練習量という点では絶対に誰にも負けないほどやった。ライバルたちを横目でにらみながら、「あいつが一〇〇本バットを振るなら、おれは二〇〇本振ってやる」と、人の倍は練習するというのを当時の方針にしていた。

なぜなら、私は天才ではなかったからだ。それどころか田舎出身のテスト生。這い上がるためには練習するしかなかったのだ。

それでもあるとき、自分の限界に気がついた。四年目に三割を打ち、三〇本塁打をマークしてホームラン王となった。

「これでようやくプロとしてやっていける」

そう思った矢先である。突然打てなくなった。

打率は二割五分を超えられず、ホームランもガタッと減った。理由は、ひとことでいえば、相手のマークが厳しくなったのである。

だが、私は「打てないのは練習量が足りないからだ」と思い、もっと練習に精を出した。

ところがいっこうに打率は上がらなかった。天才ではない私は、技術的な限界に突き当たったのだ。そこで私は考えた。

「残り五分を埋めるためにはどうすればいいのだろうか。二割五、六分は打てる。しかし三割打者になるために五分足りない」

考えて考え抜いた末、活路を見出《みいだ》したのがデータの導入だった。いや、当時はデータなどという言葉は野球界にはなかった。「傾向」といっていた。つまり、相手ピッチャーの攻めてくるコースや球種をこと細かに調べ、分析することで狙い球を絞ろうと考えたのだ。そうすることで、私は残り五分を埋めることができたのである。

この「技術的な限界を知る」というのは、非常に大事なことだと思う。「もはやこれ以上技術力だけではできない」と知ってしまえば、残るのは頭を使うことだ。そこに気がつくかどうかが、素質にプラスαを加えられるかどうかの分かれ目になるのである。

ただし、限界を知るのは、並大抵の努力では不可能だ。日々精一杯努力し続けていって、ようやく見えてくるものなのである。

たいていの選手はそこにいたるまえに努力するのをやめてしまう。

「おまえには才能があったからできたのだ。おれには無理だ」

そう思ってしまう。それで二流で終わってしまうのである。

最近は物質的に豊かになり、ハングリーな選手はいなくなったし、甘やかされて育ってきた選手も多い。プロに入っても、コーチが手取り足取り教えてくれる。だから、限界に突き当たり、知力に活路を見出そうと考える選手がますます少なくなっている。

知将がいなくなったのは、こうしたこともおおいに関係していると思う。

おのれの技術的限界を知り、野球というものを突き詰めて考える選手が少なくなったから、監督になっても技術力だけで勝負しようと考えるのではないだろうか。私にはそのように思えてならないのである。本当のプロの戦いは技術的能力の限界の先にあるのだ。

監督講習会を実施せよ

社会人野球では毎年指導者講習会というのを開いている。私もシダックスの監督だったときに出席したことがあるのだが、そのとき、講師としてプロ野球OBが話をした。

ところが、まったく参考にならなかった。私だけでなく、出席していた指導者のほとんどがメモをとることはなかった。しかたがないので、主催者が「野村さん、喋《しゃべ》ってくれませんか」と頼みにきたほどだ。

それはともかくとして、監督の人材が払底しているいまこそ、プロ野球の監督にもこうした講習会が必要なのではないかと私は思っている。実際にさまざまな機会に提案もしている。ただしその場合、呼んでくる講師が重要であるのは言うまでもない。

いまの監督は、すべて自分の経験と実績だけで監督が務まると思っている。だから、「監督とは」「コーチとは」ということを考えない。そこに人材が払底している最大の原因があると私は思う。

選手時代の自分の経験を指導のベースに置く。そのこと自体は間違ってはいない。私だってそうだ。だが、「それだけ」ではダメなのだ。指導者には、とくに監督には、野球を深く追求するとともに、それ以外のさまざまな知識や常識も必要なのである。

だが、プロ野球界という狭い社会に育った者ばかりだから、ほとんどの監督はそういうことをいっさい知らない。自分の経験が絶対だと思っている。だから、勉強しないし、しようとも思わない。

むしろ、社会人の指導者のほうが貪欲だ。彼らは「自分はプロの経験がないから」と、謙虚な姿勢を持っている。学ぶ意欲を持っている。シダックスの監督時代に試合に行くと、相手チームの監督たちが私を離してくれなかった。「どうぞこちらへ」と呼ばれて、矢継ぎ早にいろいろな質問を浴びせかけてくるのである。

人間は、生涯学習である。その意欲をなくしたらおしまいだ。進歩も成長もない。「組織はリーダーの力量以上に伸びない」と私はたびたびいっているが、だとしたら、リーダーすなわち監督自身が力量を伸ばし、器を大きくしなければ、チームもそれ以上成長しない。だからこそ、「一年に一度でいいから講習会を開いてはどうか」と提案しているのである。

講師はメジャー・リーグの優秀な指導者を呼んでもいいし、野球以外のリーダーでもいい。さまざまな分野で指導的立場にある人たちに来てもらい、話をしてもらうのだ。

結果的に新たに学ぶものがなかったとしてもかまわないではないか。自分の考え方や理論が正しいのか、間違っていたのか確かめるだけでも大変な進歩である。何かしら、得るものはある。それを機会に勉強意欲が高まれば、いうことはないではないか。残念ながら、講習会実施の提案に、いまのところ賛同してくれる関係者は少ないのだが……。

WBCは勝てるか？

この章の冒頭でWBCの監督選考に触れたので、最後にWBCの戦い方について思うところを述べておこう。

二〇〇九年三月、いよいよ第二回WBCの幕が切って落とされる。せっかくの機会なので、ここで思うところを述べておきたい。

結論からいえば、たしかに厳しい戦いになるのは確実だが、日本が優勝する可能性は充分あると思っている。

ただし、「事前に充分に情報を集め、分析し、それに基づく周到な戦術・戦略を練ったうえで適材を適所に配し、組織力やインサイドワーク、機動力をはじめとする緻密さを駆使して戦えば……」という条件がつく。

換言すれば、技術力をはじめとする目に見える力に、「無形の力」をプラスすることで、パワーや体格のマイナスを補うことが必要なのである。それが日本人らしさであり、日本野球の最大の武器にほかならない。

北京オリンピックの惨敗の最大の原因は、こうしたことが徹底されないどころか、無視されていたところにあったと私は見ている。〝お友だち内閣〟の組閣からはじまって、明確な基準の見えない選手選考、国際試合への対応の不足、情報やデータの軽視、不可解な選手起用、そして試合における首脳陣の無策ぶり……。

本来、日本がするべきことをせず、気力・体力・知力のうち、気力と体力だけに頼る野球をしてしまったのが星野ジャパンだったのだ。その意味で、メダルを逃したのは必然だったのである。

その検証を踏まえてなのかはわからないが、監督を務める原は全日本チームを〝サムライジャパン〟と名づけ、チームスローガンを「日本力《にっぽんぢから》」にするとあるインタビューで語っていた。いわく「日本野球の優れた部分を引き出せば、結果はついてくる」のだと――。

そのとおりである。難しく考えることはない。「野球の本質」を理解して、それに沿った戦いをすればいい。あとは、選手にそれをどこまで徹底させ、実践させられるかである。まさしく原の、監督としての手腕が問われるわけだ。

やはりカギを握るのはイチローだろう。彼は前回もムードメーカー的な役割を担ったようだし、イチローを気分よくプレーさせることが日本の勝利への絶対条件となるのは間違いない。

ただし、彼は一番バッターが適所であり、ということは脇役だ。そこでもうひとつ重要になるのが、エースと四番の存在である。

エースについては、ダルビッシュに加え、今回はボストン・レッドソックスの松坂大輔という、国際基準でもトップクラスのふたりがいる。

問題は誰を四番にするかだろう。四番は「チームの中心」であると同時に、「チームの鑑」でなければならない。その意味では巨人の小笠原道大がナンバーワン。一所懸命とはまさしく彼のためにある言葉だ。二四時間練習場にいるといってもいいほど努力家の稲葉篤紀（北海道日本ハム）もその点では申し分ない。

が、オールジャパンの四番ということならやはり、私は松中信彦（福岡ソフトバンクホークス）を推す。二〇〇八年は調子がいいとはいえなかったが、彼には無形の存在感があるし、なにより国際大会の経験で彼をしのぐ選手はいない。四番に座っているだけで、味方には安心感を、相手には威圧感を与えてくれるはずだ。

そして最後のカギはもちろん、キャッチャーに誰を起用するかということである。キャッチャーは守りにおける監督の分身であり、試合の脚本家といっていい。それには小事細事に気づく、目配りと気配りが絶対条件。その観点からいえば、城島健司（シアトル・マリナーズ）よりも、西武の細川亨が私はいいと思う。

蛇足ながら最後に付け加えておけば、いちばん大切なのは、やはり選手の気持ちである。北京オリンピックでは、この部分が韓国に大きくひけをとっていた。

「日本を代表しているのだ」「日の丸を背負っているのだ」という誇りと自覚を強く持ちながら、それぞれの選手が持てる力を最大限に発揮することで責任と役割をまっとうし、サムライジャパンとして一丸になって戦うこと。そして、原をはじめとする首脳陣が選手たちにそういう気持ちを持たせることができるか――。

そこに日本の運命はかかっているといっても過言ではないだろう。

第四章　野村流監督心得

青天の霹靂

ここまでは、監督の条件や人材が払底している理由などについて、なかば外部からの視点で思うところを述べてきた。

この章では、今度は実際に私がどのような覚悟を持ち、何を考えながら監督という仕事に努めてきたのか、そのなかで監督とはどうあるべきだと感じたのか、いわば監督としての私が肝に銘じている「心得」ともいうべきことについて述べていきたいと思う。

私がはじめて監督という立場になったのは一九七〇年だった。当時私は三五歳。ふつうなら選手としてはそろそろ晩年にさしかかる時期だったが、南海ホークスのホームベースを守り、打線でも四番を打っていた。まだまだ現役バリバリだった。

したがって、まさか自分が監督就任を要請されるなどとは夢にも思わなかった。また、近い将来、指導的な立場に就くとしても、監督になれるなどと想像したこともなかった。

というのも、当時の監督はほとんどが大学出。藤本定義さん、三原脩さん、水原茂さん、鶴岡一人さん、西本幸雄さん。いずれも大学出身者で、それも東京六大学の出身だった。高校卒の監督は、川上哲治さんくらいではなかったか。だから高卒の、しかも無名校出身で、そのうえテスト生あがりの私に監督としてお呼びがかかるなどとはとても考えられなかったのである。

ところが、鶴岡さんのあとを受けた飯田徳治監督がダントツの最下位に終わった責任をとってたった一年で辞任したことで、私は当時の川勝傳《かわかつでん》オーナーに呼ばれ、突然監督就任を要請されたのである。まさしく青天の霹靂《へきれき》であった。

ブレイザー・ヘッドコーチ

まさか自分に監督の要請があるなどとは思っていなかったから、光栄ではあった。とはいえ、当時の私は選手への未練を捨てられなかった。したがって、監督就任を受諾するならプレーイングマネージャーしかなかった。すなわち選手兼任監督である。

だが、私は想像してみた。キャンプで監督として各選手をチェックしながらチームとしてどのように戦うべきかを考えれば、当然選手としての自分の調整はおろそかになる。逆に選手としての練習に多くの時間を割けば、今度は監督としての仕事まで手が回らない。

シーズンがはじまったら、心労やストレスは倍増するだろう。精神的にも肉体的にも大変な困難が予想された。

なにより、監督という仕事は選手の片手間で務まるものではない。どれだけ責任が重く、どれだけの覚悟が必要であるかは、心労で倒れた蔭山和夫さんを見てわかっていた。私にはそれだけの重責を担う覚悟も準備もできていなかった。

「ぼくには無理です」

私は断った。けれども、オーナーは聞き入れてくれない。

「無理は承知だ。南海を立て直せるのは、キミしかおらんのだ」

もはや断りきれなくなった私は、受諾するにあたってひとつだけ条件をつけた。ヘッドコーチを置くことである。試合に出ればベンチが留守になるし、練習するにしても監督と選手、どちらかに重きを置けばもう片方はおろそかになる。第二監督とも呼ぶべきヘッドコーチが絶対に必要だと思った。そして私には、思い当たる人物がいた。ドン・ブラッシングゲーム、そうブレイザーである。

鶴岡さんのもとで南海が行っていた野球は、蔭山さんがいたとはいえ、軍隊式の典型的な精神野球であった。なにかヘマをすると、

「気合だあ！」「たるんどる！」「バカタレ」

鶴岡さんから檄《げき》が飛んだ。三塁打性の打球が飛んだとき、バッターランナーが二塁を回ると、鶴岡さんは「バカタレ！　バカタレ！」ベンチで大声を出していて首尾よくセーフになれば「よし、よし！」。本来ならば野球とは体力・気力・知力の集大成であるべきなのだが、体力と気力だけを重視した野球をやっていたわけである。

ところが、セ・リーグでは川上さんのもとで巨人が「ドジャースの戦法」を取り入れ、チームプレーや知力を駆使する野球の近代化を推し進めつつあった。

「こんな野球をしていては巨人に勝てるわけがない」

一選手の時代から私は痛切にそう感じていた。だが、具体的にどうすればいいのか当時の私にはわからなかった。そんなとき、選手として南海にやってきたのがブレイザーだった。

ブレイザーはサンフランシスコ・ジャイアンツの一員として日米野球で来日したこともある二塁手だった。私は彼を何度も食事に誘い、メジャーの情報とともに、野球に関する彼の哲学や知識を聞いて、おおいに感銘を受けた。

当時パ・リーグにはもうひとり、ダリル・スペンサーという選手が阪急ブレーブスにいた。スペンサーと私は一九六五年に激しい三冠王争いをした間柄でもあったが、このスペンサーとブレイザーこそが、日本の野球のレベルを引き上げた最大の恩人だと私は考えている。

スペンサーは自分の打席を待っているとき、必ずといっていいほどネクストバッターズサークルに入らず、ピッチャーとキャッチャーを結ぶ線に近い位置で出番を待っていた。厳密にいえばルール違反なのだが、そうすることで彼は球筋を見極めるとともに、キャッチャーの配球の傾向を見たりピッチャーの球種のクセを見破ろうとしたのである。

しかも、得た情報を自分のバットをマスコットバットでコツコツと叩《たた》くことで打席にいるバッターに伝達した。音が一回ならストレート系、二回ならカーブという具合に……。どうしても見破れない場合はネット裏にいるスコアラー経由で情報を入手していた。これに対抗するために私も股間《こかん》からは偽のサインを出してあえて盗ませ、実際のサインはレガースを触ったり、ミットを触ったりして示したりしたものだ。

ブレイザーも、私の出したサインを内外野の味方選手たちに巧みに伝えて守備位置を変更させたり、進塁打や状況に応じた走塁の仕方、併殺を避けるためのスライディング、中継プレーにおけるカットマンの役割といった当時の日本野球にはなかった概念を持ち込んだ。また走者一塁のとき一球一球球種によって遊撃手と連絡を密にしていた。最初一番おどろいたのは捕手の私に球種のサインを毎試合確認にきていたことである。

スペンサーとブレイザーのおかげで、当時のパ・リーグはセ・リーグよりはるかに進んだ野球をしていたはずだ。ふたりは、いわば「シンキングベースボール」の開祖といっても過言ではない。少なくとも、私が野球を真剣に考えるきっかけを与えてくれたのはブレイザーだった。投げる、打つ、守るの他にいろんな戦術があることをチームに伝えたのである。

私が監督就任を要請された当時の南海は、鶴岡監督時代の精神野球からまだまだ抜け切れていなかったし、なにより戦力的に厳しい状況下にあった。エースの杉浦や他の選手三名がトレードを申し込んできた。つまり鶴岡一派が造反劇を起こした。よく話して一人だけのトレードで終わった。打線にも頼れる選手はほとんどいなかった。かといって貧乏球団の南海では補強もままならない。このかぎられた戦力で戦うには、のちに私が「無形の力」と呼ぶことになる知力を最大限に活用するしか方法はなかった。

「そのためにはブレイザーの力を借りるのがいちばんいい」

監督就任を要請された私は、ヘッドコーチ候補として即座にブレイザーの名前を思い浮かべたのである。

「日本人は何も考えていない」

外国人をコーチに迎えるにあたって、チーム内に拒否反応がなかったといえば嘘になる。オーナーにもいわれた。

「外国人で大丈夫なのか?」

だが、それは杞憂《きゆう》に終わった。私の要請を快諾し、来日したブレイザーは、最初のミーティングで開口一番、こういった。

「アメリカの野球と日本の野球の違いとは何か?」

そしてこう続けた。

「日本人は何も考えていない。たとえば――」

そういってブレイザーは選手たちに訊《たず》ねた。

「バントのサインが出たら、きみたちは何を考える?」

「打球を殺す」くらいのことはさすがにわかる。だが、それ以上選手たちは考えてもわからなかった。そこでブレイザーはいった。

「一塁側と三塁側、どちらが成功の確率が高いかを考えよ。そのうえで確率が高いと思われる方向に確実に転がせば、たとえ相手がバントシフトをしいてきても絶対に成功する。シフトに幻惑されるな。〝いいバントはシフトに優る〟」

と……。

ヒットエンドランについても同様に「何を考えるか」と訊ねた。

「ボールを転がしてランナーを進めることです」

「それだけか？」

ブレイザーは満足しなかった。

「それだけでは不十分だ。セカンドとショート、どちらがベースカバーに入るかを読み、カバーに入るほうを狙え」

どちらがカバーに入るかはどう読むのかと訊ねると、「それには一塁ランナーの協力が必要だ」と答え、「フェイントをかけてスタートを切るふりをすれば、どちらかが必ず動く。動いたほうがカバーに入る」。

そしてさらにこういった。

「どちらがカバーに入るかは捕手のサインを見て決められる。インコース（右打者）のサインが出たら打球は三遊間に飛ぶ可能性が高いからセカンドがカバーに入る。アウトコースならその逆だ。したがって、外角球はショートへ、内角球はセカンドに打つ練習をしておかなければならない」

チーム掌握の第一歩は意識改革

このミーティングは、私にとっても非常に益あるものとなった。チームを掌握する第一歩は、「選手たちの意識を改革すること」であると痛感したからだ。

ブレイザーに南海の選手たちは圧倒されていた。ブレイザーは南海の選手たちの意識をまさしく改革したのである。最初は外国人であるブレイザーに対して拒否反応があったとしても、きちんと論理立てて「こうすれば勝てる」と確信をもっていわれれば、納得せざるをえない。それればかりか、「この人についていこう」という信頼感が生まれる。南海は最初のキャンプからブレイザーは野手係、私がバッテリー係としてチームを引っ張っていくことが自然に暗黙の了解となった。

じつは星野仙一の懐刀としてつねに彼を支えた島野育夫も、もとはといえばブレイザーの〝生徒〟だった。もともと島野は南海の選手で、足が速く、肩も強かったが、バッティングや野球センスというものはあまり感じさせなかった。彼は私が監督だったころ阪神からトレードの申し込みがあり阪神へ移籍した。南海では考えられないミスを時々やるので「チョンボの島ちゃん」と呼ばれていた。そんな彼だったが南海在籍中に野球学を身につけたことは確かである。

南海で学んだことと経験したことが阪神で高い評価を得てコーチに就任した島野はのちのちまでことあるごとに「自分がいまコーチをできるのも野村さんのおかげです」と感謝してくれ、礼を尽くしてくれたが、彼が野球というものをブレイザーのもとで学んだのは間違いない。

話を戻せば、のちにヤクルトの監督になったとき、最初の春季キャンプで選手をミーティングづけにし、自分の野球哲学を叩き込む必要があると思ってスタートした。

当時のヤクルトは最下位やBクラスを一〇年続けていたようなチームで、負け犬根性が染み付いていたばかりか、淡々《たんたん》と野球をしていた印象があったので一からやり直した方がいいと思った。根気よく続けていくうちにだんだん組織とは何か、チームプレーとは何か、戦略と戦術など野球以外の社会常識いわゆる人間学、社会学を〝講義〟し、選手たちにノートをとらせた。

野球人である前に社会人であれ！　野球をやれる年月は短い。野球が終わってからの人生の方がはるかに長いということを認識させたかった。最初は「野球と何の関係があるんだ」という顔で聞いていた選手たちの目の輝きや姿勢が変わってきた。

「鉄は熱いうちに打て」という。やはり最初が肝心なのである。いかに相手を驚かせ、「この人はすごい」と思わせるか。そこが信頼関係を築く第一歩なのである。

名監督と呼ばれた人は、いずれもこの「意識改革」の手腕にすぐれていると私は思う。たとえば、川上さんは巨人の監督になったとき、「ドジャースの戦法」をもとにチームプレーに重きを置く野球を導入しようと考えたが、当初は選手のなかには反発もあったらしい。現役時代の川上さんはチームより個人を優先していたという噂が伝わっていた。「監督になったからといって急にチーム第一というなんておかしい」というわけである。

ところが、ベロビーチで行われているドジャースのキャンプに参加した選手たちは、そこで実際にドジャースの選手たちがプレーしている姿を見たとたん、意識が変わったそうだ。

「川上監督のいうとおりにやっていけばいいチームになる」

そう実感したからである。選手たちをベロビーチに連れていったのも、幸運に恵まれたとしても、おそらく川上さんに選手の意識を変えるという狙いがあったのではないかと私は推測する。

また、西鉄時代の三原さんは、〝三原魔術〟とまで評された卓越した野球理論で選手を信者にしたし、広岡さんは野球の知識はもちろんのこと、健康面を含めた厳しい管理を強制することで、野球に取り組む意識を変えようとした。そして星野は、持ち前の怖さで阪神のぬるま湯体質を一掃したのである。

監督は選手と距離を置くべき

じつは監督としての私には〝子分〟がいない。選手はもちろん、コーチとも食事に行くことはないし、飲みに連れて行くこともいっさいしない。これには子分をつくるのが大好きだった鶴岡親分を反面教師にしたという理由が大きい。

忘れられない出来事がある。ある年の正月、私は前妻を連れて鶴岡さんの自宅に年始のあいさつに出かけた。すると、玄関にズラリと靴が並んでいた。小さい家だったから、応接間の声が漏れてきて、誰が来ているかすぐにわかった。〝子分〟たちが集まって酒盛りをしていたのである。

「あけましておめでとうございます」

玄関口で私がいうと、

「おお、ご苦労さん」

当然、「みんなおるから上がっていけよ」といってくれると私は思った。ところが、鶴岡さんはなにもいわない。一瞬、妙な間があいたので、「じゃあ、失礼します」と私は鶴岡邸をあとにした。じつに後味の悪い正月だった。

私は世事に疎いからそのときはそう感じただけだったが、のちになって気がついた。

「これが派閥というものなのか……」

監督が子分をつくると、どうしたって派閥ができる。選手たちもそのなかで結束する。だが、そこに入れない選手は当然おもしろくない。とすれば、そこからチームが崩壊する可能性が高いのである。

かつての阪神がまさにその典型だった。藤村（富美男《ふみお》）・別当《べっとう》（薫《かおる》）からはじまって、藤村・金田（正泰）、村山（実）・吉田（義男）、村山・小山《こやま》（正明《まさあき》）、江夏（豊）・田淵（幸一）、掛布《かけふ》（雅之《まさゆき》）・岡田（彰布《あきのぶ》）……。吉田さんと小山さんと村山が揃っていたところは、選手のたまり場だった食堂に行くと、三つのグループにきっちり分かれていたという。

そうなることを避けるため、私は子分というか取り巻きをつくらないし、チームが変わるごとに決まったコーチを連れていくこともないのだが、私がそうすることを戒めている理由がもうひとつある。

それは、コーチや選手に〝野村色〟をつけたくないということだ。

選手にしてもコーチにしても、永久に私に仕えるわけではない。しかし、野村色や野村派というレッテルを貼られてしまえば、いくら能力がすぐれていても他球団や別の監督から声がかかりづらいし、よしんばかかったとしてもやりにくいに違いない。

それは、そのコーチや選手の可能性を狭めることになり、彼らにとっても迷惑なことだ。その意味もあって、私はコーチや選手とは一線を画しているし、監督はそうすべきだと思うのである。

「死んだふり」で三位から日本シリーズへ

クライマックスシリーズが導入されたことで、シーズン三位のチームにも日本一への道が開かれることになったが、じつは私も三位から日本シリーズへ出場したことがある。一九七三年のことだった。

その年からパ・リーグでは「二シーズン制」が採用されることになった。一年一三〇試合を六五試合ずつ前・後期に分け、それぞれの優勝チームが五回戦制のプレーオフでリーグ優勝を争うのである。かつてのJリーグを思い出していただければいいだろう。

南海は山内新一、江本孟紀、ジョーンズらが気を吐き、三八勝二六敗一分けでなんとか前期を制した。とはいえ、当時のパ・リーグは西本さん率いる阪急が隆盛を極めていた。南海は戦力では太刀打ちできなかった。後期は阪急の優勝が確実だと思った私は、はっきりいえば後期を捨てて、プレーオフに照準を絞ることにした。

前期の阪急との対戦成績は八勝五敗。それが後期は一二敗一分け。一勝もできなかった。おかげで「死んだふり」といわれたが、私は思っていた。

「後期は阪急に対しては三勝だけでいい」

つまり、プレーオフで勝てればいいというわけである。長い監督業でこれほど計略通り勝てたのはこれだけである。五戦のうち三勝すればいいということで相手はトーナメント方式だという戦いをしてきた。それに反し私は一・三・五に重点をおき、二、四戦は負けてもよいという考えで挑んだ。全部勝とうとすると全部負けるような気がした。すべて第一戦だと考え、第一戦必勝で挑んだのである。すべてプレーオフにかけた。

結果、後期は三〇勝三二敗三分で阪急、ロッテに次いで三位。前・後期通じての年間勝率でも三位となったが、プレーオフでは三勝二敗で阪急を振り切ることができた。

優勝はしたものの、後期の戦いぶりは「手抜きだ」と大きな批判を浴びた。が、われわれはルールを破ったわけではない。戦力をどのように使い、どこに集中させるかは、戦略のひとつである。それは企業でも同じだろう。弱者が強者に立ち向かうには、真っ向から勝負しても跳ね返されるだけだ。弱者には弱者の戦い方があるのである。われわれはそれを実行しただけだ。

日本シリーズは巨人の前に屈したが（V9最後の年だった）、あれほど私の思惑どおりにいったシーズンは、あとにも先にもなかったと私は思っている。

コーチより評論家を経験すべき

結局私は南海でプレーイングマネージャーとして八年間指揮を執った。その間、リーグ優勝一度を達成したのを含め、一九七一年、七五年以外はAクラスを死守したが、七七年のシーズンかぎりで解任されることになった。

そのシーズンも二位になったので、成績的には悪くはなかったのだが、鶴岡さん一派のおぼえがめでたくなかったからなのか、人望がなかったからなのか、辞任せざるをえなかった。

その後、ロッテや西武で一選手に戻ってプレーしたあと、私は評論家生活に入った。結局、その生活は九年間続くことになるわけだが、このときの経験は監督としての私に大きな影響を及ぼすことになった。もし引退後即指導者となっていたら、いまも私が監督をしていることはなかったはずだ。

ところで、メジャー・リーグの監督は、どんな名選手であってもまずはマイナーリーグの指導者を経験し、経験と実績を積んでから徐々にメジャー・リーグへとステップを踏んでいく。メジャーの名監督に選手時代の成績がそれほどでもない人物が多いのも、この〝名より実〟という採用基準が機能しているに違いなく、日本でも同様にすべきだという意見は強い。いわく「まずはコーチを経験して実績を残してから監督になるべきだ」と……。

たしかに、引退後即務まるほど監督業は甘いものではない。けれども私は、生涯コーチ業をまっとうするならともかく、監督を目指したり、いずれその座に就くと目されていたりする人間は、二軍や一軍のコーチとして指導者の経験を積む必要が絶対にあるとは思っていない。

なぜなら、二軍監督を務めた者が一軍の監督として成功しているかといえば必ずしもそうではないし、アメリカのようにメジャー、3A、2A……といったピラミッド状のシステムができているならともかく、日本のファーム組織は脆弱《ぜいじゃく》すぎて経験や実績を積むにはおそまつだ。

事実、名監督かどうかは別として、私自身もコーチや二軍監督の経験はない。監督が務まるか否かは、その人間の資質や野球に対する考え方、取り組み方次第だと私は考えている。

むしろ大切なのは、「外から野球を見る」ことだ。すなわち評論家・解説者としてあらためて野球を見直してみることとである。

というのは、評論家として外から野球を見ると、現場では見えないこと、気がつかないこと、わからないことがどれだけ多かったかということを思い知らされるのである。

コーチであっても、あくまでもチームの人間だ。欲から離れることは不可能である。どうしても自分のチームを贔屓《ひいき》して見てしまうし、相手のチームの視点からゲームを見ることは困難だ。それに、現場ではその一瞬一瞬のことしか考える余裕はないし、勝因や敗因などを分析する時間も少ない。

なにより、試合中にコーチがいるのは自分のベンチ。ということは、試合を斜めから見ていることになる。私はよく「ベンチをバックネット裏につくれ」と冗談でいうのだが、片側からだけ見ているのでは、見えてこないものがたくさんあるのである。

その点、評論家はどちらが勝とうと負けようと関係ない。つまり、欲から離れ、純粋に試合を見ることができるのだ。試合を見るのもバックネット裏だから、全体を俯瞰《ふかん》して見ることができる。ただぼんやりと眺めているのなら別だが、それなりの意欲と吸収力をもってみていると、選手時代は気づかなかったことがあらためて見えてくるのである。

無意識に監督の仕事をしていた評論家時代

評論家となった私は、誰にも負けない評論をしてやろうと考えた。

「どうすれば野球の魅力と奥深さを、ゲームのはしばしに見え隠れする勝負の機微を、わかりやすく一般の方々に届けることができるのだろうか」

私は考えた。そこで思いついたのが、私ならではの経験を活かすことだった。

私はキャッチャーである。現役時代から、キャッチャーとして、またバッターとして相手バッターとピッチャーを攻略するために、各バッテリーの配球や打者のクセ、傾向といったデータを収集し、分析して役立ててきた。

解説者としてもこれを利用しようと考えたのである。すなわち、「私がキャッチャーだったらこの打者はこう攻める」「こういう配球をしたから打ち取った、あるいは打たれたのだ」ということを、その状況に応じて選手のデータを紹介し、心理状態を分析しながら解説したらおもしろいのではないかと思ったのだ。

そうして誕生したのが、ストライクゾーンを九つに分割してテレビ画面に配球を映し出す「野村スコープ」だったのだが、この精度を上げるには、さらなるデータを集め、分析し、それを効果的に使うにはどうすればいいかを自分でも考えなければならない。いってみれば、監督がすべき仕事の一部を、解説者として私は無意識のうちに行っていたのである。

そうした作業を毎日繰り返し、試合が終わったらその結果を生むことになった勝因や敗因、ターニングポイントなどを自分自身で考えたり、コメントや原稿というかたちで表現したりしていくなかで、「野球とは何か、勝つためには何が必要で、どうすればいいか」ということがおぼろげながらも自分のなかで理解できるようになっていった。

巨人の名参謀といわれた牧野茂さんと実際にふれてみてがっかりした覚えがある。

牧野さんは新聞に書いた評論が川上さんの眼にとまって巨人に迎えられ、九連覇を支えたヘッドコーチである。長嶋が辞任して藤田さんが監督になったときも再登板した。それだけに私はずっと興味があって、解説者となって巨人のキャンプに取材に行ったときも、牧野さんは何をしているのだろうかと一日中見ていたものだ。

その牧野さんと一緒に、日本シリーズを解説することになった。すると、解説のポイントが完全にズレているのである。試合の本質を的確につかんでいないように私には見えた。牧野さんも最後はふてくされてしまい、「もうおまえが勝手にやれよ」という感じになってしまった。そのとき、「申し訳ない」と思った。

それはともかくとして、野球のゲームの全体像を俯瞰して眺めながら、同時に細部をこまかく見ていくことは、コーチとして現場にいては意外に考えないことだし、実行するのはむずかしいことなのである。

監督は言葉を持て

評論家を経験することを奨励するもうひとつの理由は「言葉」の問題である。

前にも述べたように、監督は言葉を持つことがきわめて大切だ。ほとんどの選手は天才ではない。感覚だけでは理解できない。とすれば、言葉で伝えなければならないからである。

ところが、野球選手というのは往々にして言葉を持たない。「理論よりも実践」を重視してきたからだ。「考える前に動け」というわけである。

だが、そういう選手であっても、評論家をやってみればいやでも言葉の大切さに気づかされる。なぜなら、評論家は野球のおもしろさや奥深さ、魅力を、野球の専門家ではないテレビ視聴者や新聞の読者が理解できるよう、わかりやすく平易に、かつ的確な言葉で表現しなければつとまらないからである。

もちろん、私とて最初から言葉を持っていたわけではない。もともと人前で話すのは苦手だったから、何を、どのように話せばいいのかわからなかった。実際、解説をはじめたころはなかなか言葉が出てこなかったし、講演を頼まれて事前に準備していても、いざ登壇すると予定時間の半分もこなせない始末。野球における経験や知識はたくさんあり、自信も持っていたのに、それを言葉に置き換えて表現することができなかったのである。すっかり自信をなくし、ストレスで円形脱毛症になったほどだった。

「なんとかしなければいけない」

そう考えた私が活路を見出《みいだ》したのは、本を読むことだった。師と仰ぐ評論家の草柳大蔵《くさやなぎだいぞう》さんに薦められたのである。そうして手渡されたのが安岡正篤《まさひろ》著『活眼活学』という本だった。これは、日本の政財界のリーダーたちのバイブルともいえる本で、私も目を開かされるとともに、自分の無知無学をあらためて認識させられた。

これをきっかけとして、それから私は政治経済や科学書から文学まで、ありとあらゆる書物を紐解《ひもと》いた。心に響く言葉には赤線を引き、書き写しもした。とりわけ中国古典には野球の勝負や指導者としてのあり方に通じる部分も多く、おおいに参考になったものだ。

そうやって私は言葉を獲得していったのである。もちろん、コーチをしているうちに壁にぶつかり、言葉の大切さに気づく人間もいると思うが、たいがいのコーチは、いうことが理解できないのは自分ではなく、選手が悪いと考えがちなのではないかと思う。

そうやって九年間の評論家生活で見聞きし、学んだことは、監督としてのいまの私のベースとなっている。「評論家を経験しなかったらいまの私はない」というのは、そういう理由なのである。

編成との意思疎通

社交性がなく、当然処世術にも長《た》けておらず、したがって人脈もない、つまり近年の監督選びの基準からはずれている私は、まさか二度とグラウンドに立つことはないだろうと考えていた。

ところが、評論が当時のヤクルトスワローズの球団社長だった相馬和夫さんの眼にとまったのをきっかけに、それまで縁もゆかりもなかったヤクルトの監督に就任することになった。一九九〇年のことである。

その際、私が最初に行ったのは、先ほど述べたように選手の意識を変えることだったが、同時に編成部、つまり選手のスカウトや補強を担当するセクションにも意識改革を迫った。チームは育成と補強でできあがる。育成の責任者が監督なら、補強を担うのは編成部だ。このふたつの意思疎通がうまく図られなければ、強いチームはできない。したがって、監督は編成に対して自分が目指す野球を説明し、それに適《かな》った補強を行ってくれるよう要請する必要がある。

私の志向する野球は、守り重視である。野球は相手を〇点に抑えれば、絶対に負けない。したがって、真っ先に補強すべきは即戦力のピッチャーであるというのが私の考えである。

毎年ひとりずつ即戦力のピッチャーを獲得できれば三年で三本柱が揃い、その間に現場で若手を育成すればさらに強力な投手陣が形成できる。私はそう考えた。

これがヤクルトでは見事に計画どおりにいった。西村龍次《たつじ》、岡林洋一、石井一久《かずひさ》、伊藤智仁《ともひと》、高津臣吾《たかつしんご》といったヤクルトの主力となったピッチャーは、いずれもこういう観点から獲得したピッチャーだった。

もうひとつ、編成に伝えたのは、これは育成にも関わることなのだが、「天性を持った選手を獲《と》ってくれ」ということだった。つまり、「選手を探す際には、足が速い、スピードボールを投げられる、大きい打球が打てる、肩が強いといったことに着目してほしい」という意味である。

というのは、天性だけは育てることができないからであり、それさえあれば、あとの部分は現場で育てることができるからだ。

キャッチャーとして入団した飯田哲也《てつや》を足と肩に注目して外野に転向させたのがその代表例だし、古田を正捕手に抜擢《ばってき》したのも、キャッチングとスローイングに見るべきものがあったからだ。彼のインサイドワークは最初から備わっていたわけではなく、私に怒鳴られながら身につけたものである。

現場と編成がひとつにならなければ、選手が伸びなかったとき、たがいにその責任をなすりあいかねない。それを避けるためにも、監督は最初に編成と入念にコミュニケーションをとることが大事になるのだ。

適材適所は才能に勝る

いまでもそうだが、私がヤクルトにいた時代の巨人の打者はすごかった。とくに長嶋が監督のころは現ヤンキースの松井秀喜《ひでき》を筆頭に、高橋由伸《よしのぶ》、西武から移籍した清原和博《かずひろ》ら四番を打てるバッターをズラリと並べていた。

ある日の巨人戦の前のミーティングでのこと。スコアラーがホワイトボードに書き連ねた巨人のオーダーを見て、高津臣吾が思わずつぶやいた。

「すげえなあ……」

それを聞いた私はいった。

「全体で見るな。ひとりひとり寸断してみろ！」

というのは、いくら強力であっても、巨人のオーダーは〝打線〟ではなく、〝打順〟にすぎなかったからだ。

たしかに全体を見れば高津の嘆きも無理はない。「これは勝てない」と思うのもしかたがなかった。しかし、〝打順〟であれば、ひとりずつ切り離して、つまり〝点〟として考えられる。強打者であっても、弱点はある。データをもとにひとりずつ相応の攻略法を練っておけば、おそれるに足りないではないか。

むしろ怖いのは、それほど強打者がそろっていなくても、きちんと〝線〟になっているオーダーである。

「打線」とはよくいったもので、一本の線としてつながっているほうが、いくら強打者が並んでいたとしても点の集合でしかない「打順」よりも、相手チームにとってははるかに気が抜けず、厄介なものなのだ。どうしても次のバッターのことを考えてしまう。ひとりひとり切り離して対処するわけにはいかないのである。安打は一流で三割、七割が凡打である。その凡打をいかに得点にからめていくかの考え方が大事なのである。

「四番ばかり集めても優勝できない。適材適所が大切だ」と私が繰り返し述べている理由は、そこにある。オーダーには、一番から九番までそれぞれの役割があるのである。

V9時代の巨人は、決して強打者ばかりが集まっていたわけではなかった。ONのほかはむしろ、俊足のスイッチヒッター柴田勲《いさお》や小技のうまい土井正三といった、自分に与えられた仕事を忠実にまっとうする、いぶし銀とも呼べる選手が多かった。

ＦＡ制度施行前とはいえ、やろうと思えば四番打者をかき集めることもできたはずだ。だが、巨人は、川上さんはやらなかった。それは適材適所の重要性を理解していたからだと思う。そもそも、そういう〝打線〟を組んだのは、このころの巨人がはじめてではなかったか。

しかも、きちんと線になっている打線は、気持ちの面においてもつながっている。自分が果たすべき仕事をすれば、次のバッターがそれを生かしてくれるという信頼があるからだ。

むろん、私が目指したのもそういう〝打線〟であった。Ｖ９巨人の打線をつねに念頭に置きながら、オーダーを組んでいった。それは守備においても同様である。それぞれのポジションにもっとも適した選手を起用し、適材適所を実践するよう努めたのだ。

スコアラーには「表現力」を問う

もうひとつ私がヤクルトに持ち込んだのが、のちに「ＩＤ（インポート・データ）野球」と呼ばれることになったように、データをはじめとする〝無形の力〟を最大限に活用することだった。そして、これこそがいまも変わらぬ野村野球の最大の特長だといっていい。

というのは、技術力のような目に見える力には限界があるからである。この考えは、前にも述べた選手時代の私自身の経験に基づいている。プロ五年目に突然スランプに陥った私は、おのれのバッティング技術の限界を知り、データを活用することで壁を破ることができたという、あの経験である。

そのために力を注いだのが、スコアラーの教育だった。

みなさんは、スコアラーの仕事をどのように考えておられるだろうか。

「相手チームのバッテリーの配球をチェックして記録する」「バッターの得意・不得意コースや球種を調べて分析する」……。

たしかに、大雑把にいえばそういうことである。それは正しい。だが、それだけでは不十分なのである。そうして得たデータを、いかに「表現」するか。そこがスコアラーには問われているのだ。

それまでのヤクルトのスコアラーが監督やコーチに届けていた情報の大半は、パーセントで示した数字だった。「このピッチャーは一〇〇球投げたら、ストレートが何パーセントでカーブが何パーセント云々《うんぬん》」というように……。それを見た私は彼らにいった。

「パーセントなんていらん。そんなものはテレビ局のアナウンサーだって持ってるわ！」

私がほしいデータとは、たとえば「あるピッチャーはストレートを何球続けて投げるのか」「牽制《けんせい》は何球まで続けるか」「〇―〇から二―三まで一二種類あるボールカウントごとの配球はどうなっているか」「こういうボールカウント、アウトカウント、ランナーの状況では、どんな球種を投げてくるのか」といったような情報なのだ。

あるいは、「どういう状況でキャッチャーのサインに首を振ったか」「このバッターは空振りしたあと、どのようなスイングをしたか」「甘いストレートを見逃した次のボールにどのような反応を示したか」というような心理面に関する情報なのである。細かいデータほど戦力になるのだ。

たとえば、その当時はほとんどピッチャーがストレートは二球までしか続けなかった。とすれば、三球目は八割以上の確率で変化球がくる。そこに狙いを絞ればいいのである。三球までしか牽制を続けないピッチャーなら、四球目はピッチャーがモーションを起こすのと同時にスタートを切ってもかまわないということになる。

「なくて七癖」という言葉があるが、どんな人間にも必ずクセがある。「そこを見つけ出してこい」と私はスコアラーに命じたわけだ。

とりわけ「キャッチャーをターゲットにしてほしい」と依頼した。彼らが何を根拠にサインを出しているのか。単純に勘だけなのか、成り行きなのか、打者の動きを見て出しているのか、ピッチャーの特長を引き出そうとしているのか。「そこを見破れ」と——。現代野球においていまスコアラーは大変重要な存在である。

一に準備、二に準備

選手たちに厳しく説いたのは、「準備」の大切さだ。

バッターボックスに向かうとき、いかなる準備が必要か。相手ピッチャーの特徴、心理状態、得点差、アウトカウント、ランナーの有無……。当然、その程度は考える。結果、「ストレートを狙う」と決めたとする。だが、それだけでは準備は不十分なのだ。

たとえばボールカウントには一二種類あり、〇—〇の状態では、バッターはピッチャーと五分五分といっていい。が、かりに初球がストライクになったら、一気にピッチャーが有利になる。ボールなら逆だ。このように一球ごとに状況は変わるのである。

そうしたことを考慮しないで、ただ「ストレートが来たら打つ」というのでは、難しいコースに手を出したり、つり球に引っかかったりしてストレートが来ると何でも手を出してしまう。

そうしたことを防ぐためには、さらに一歩進んで「ストレートのストライクだけ！」とか「バットのヘッドが下がらないように」といった二段構えの準備が必要なのである。いいピッチャーは失投が少ない。事前の準備なくしてそれを確実にモノにすることはきわめて困難なのだ。

守備においても、単純な例でいえば、同点で一死満塁のピンチ。内野ゴロに打ち取った場合、バックホームで三塁ランナーを封殺するのか、それともダブルプレーを狙いにいくのか。どちらを選択するかは事前の準備をしておかなければスムーズにいかない。

試合には、もっと複雑な判断を迫られるケースが何度もある。そのとき、しっかり準備しているかどうかで、結果は大きく違ってくるのである。

「野球は確率の高い作戦を選択するスポーツである」と私は常々いっているが、その判断には、なんらかの基準が必要だ。その基準となるものが入念な準備なのであり、準備するからこそ、判断を誤ることが少なく集中力が持続できるのである。

ほんとうの無形の力とは

私は「気力・体力・知力」のうち、気力だけを重視する精神野球を嫌悪する。プロである以上、体力はもちろん、気力もあって当然。それを重視しなければならないのは、あまりに低次元の話。知力がぶつかりあうことにこそ、野球の本質がありプロの戦いと私は考えている。

なぜなら、野球は「間」のスポーツだからだ。

ピッチャーが一球投げるごとに時間があく。そして、これが何を意味するかといえば、「このあいだに考えろ、備えろ」ということにほかならない。一球ごとに変化する状況のなかで、どういう選択をするのがいちばんベストなのか。即座にそれを考え、準備する時間が与えられているのである。

そのための判断材料となるのがいうまでもなくデータであり、それを持っているだけで相手より精神的にも優位に立てる。つまり、勝負に欠かせない優越感を植え付ける意味でもデータは有効なのだが、しかしデータは絶対ではない。

野村野球＝ＩＤと考えられているようだが、じつはデータはあくまでもそれを構成するひとつの要素にすぎない。ほんとうに重要なのは、むしろそこから先なのである。

私はバッターのタイプを、直球を待ちながら変化球にも対応するA型、内角か外角、打つコースを決めているB型、ライト方向かレフト方向に打つ方向を決めているC型、球種にヤマをはるD型の四つに分類しているが、どのタイプのバッターであっても、状況によってはタイプを変化させる。

したがって、たとえ「このバッターはこういう状況ではこういうボールを狙う」というデータがあったとしても、一〇〇パーセントの確率でそのとおりの行動をすることはありえない。ましていまは相手だってデータを持っている。

「いままではこれでやられていたから、今日は狙い球を変えてみよう」

そう考えているかもしれない。にもかかわらず、いつも同じ攻め方をしてしまっては、痛い目に遭うのは必定だ。

そこで大切になるのが「観察」と「洞察」である。バッターの狙いは、バッターボックスに入るときのしぐさやスイングするときのステップ、肩の開き加減、ファールになったときのスイングやボールの見逃し方、バッティングで大事なタイミングが合っているか否かを感じることでだいたいのところは推測できる。それらを注意深くチェックする行動が「観察」である。

どんな打者でも何かを考えている。また、そのときの調子や心理状態によっても、バッターの狙い球は変わる。そこを読み取れば、つまり「洞察」することができれば、それだけ攻略もしやすくなるのである。そして、その結果はまたデータとして蓄積され、より確度が高まることになるというわけだ。

こうした行為を怠り、「データではこうだから」とそのとおりに攻めるのは自殺行為といってもいい。なぜなら、データはあくまでも参考で「過去」のものだからである。そこに「観察」と「洞察」を加え、「未来」を予測すること。それがほんとうの無形の力と呼ぶべきものなのである。

グラウンドにはさまざまな情報がころがっている。一球ごとに与えられる時間のなかで、それをどれだけ拾い上げられるか。そこが勝敗を大きく分けることになるのであり、それが「野球は間のスポーツである」といわれる所以《ゆえん》なのである。

接戦を制する四つの要素

私は「一点差ゲームに強い」というデータがあるそうだ。いつも低迷していたチームを預かってきたので、通算勝率はそれほど高くないのだが、二〇〇七年終了時点で一点差ゲームの勝率が通算勝率を大きく上回っており、これはなかなか稀有《けう》なケースだという。通算勝率四割一分五厘という悪夢のようだった阪神時代でも、こと一点差ゲームにかぎれば五割一分九厘をマークしていたとのことだ。

一点差ゲームは年間三〇～四〇試合程度ある。これをモノにできるかは当然勝率に大きく影響する。逆にいえば弱いチームであっても私がそれなりに成績を残せたのも、接戦に強かったからだといっていい。

一点差ゲームに勝利するには、絶対的なクローザーがいるとか、いくつかの条件があるだろうが、野球の本質を理解した緻密な采配《さいはい》が絶対に必要だ。

ちなみに長嶋は一点差ゲームの勝率が五割を切り、原は二〇〇七年の段階では巨人歴代監督で最低だった。言い換えれば、彼らがいかに個々の技術力だけに頼ってきたかということを証明するものだといっていいだろう。参考までにいっておけば、川上さんも森も一点差ゲームでは意外に苦戦していたというデータが残っている。

では、私が接戦に強い理由は何か。

勝負を決する要素には、次の四つがあると私は思っている。①戦力、②士気、③変化、④心理の四つである。

①についてはいうまでもない。戦力の多寡は勝敗を大きく左右する。ただ、これは監督にはどうしようもない。大型補強をしないかぎり、戦力だけは突然アップすることはありえないからである。戦力の不足を補うのがほかの三要素であり、逆にいえば、この三つをいかに利用するかが監督の力量が問われるところだともいえる。

②は「ムード」と言い換えてもいい。いかに味方の士気を高揚させ、ベンチに勢いをつけるか。監督はつねにこれを意識する必要がある。ムードがよければ、選手は能力以上の力を発揮することもあり、場合によっては弱いチームでも一気に突っ走ることもあるからだ。そして、このムードをよくするために重要な意味を持ち、接戦の勝敗を分けるカギとなるのが③と④である。そして、このふたつは密接に結びついている。

野球の試合は「生き物」である。一球ごとに状況が変わる。それとともに選手たちの「心理」状態も変わる。指揮官はその「変化」をつねに感じ取らなければいけない。

ゲームには流れというものがあるのは、みなさんもなんとなくお感じになられると思う。「こちらに流れがきそうだな」とか「まずい雰囲気だな」ということをいち早く察知し、流れをこちらに引き寄せられるか、あるいは嫌な流れを断ち切れるかは、まさしく監督の采配にかかっている。

それには「変化」に敏感でなければならない。鈍感であればみすみす勝てる勝負を落としてしまうし、逆に敏感であれば流れをこちらに持ってくるための手が打てるのだ。

また、どんなに戦力が違うチームとの対戦でも、必ず勝負どころというものがある。とくに接戦においては、それをモノにできるかで勝敗が決する。そして、そこに至るまでには必ず事前になんらかの「変化」があるはずなのである。そこに相手の監督よりも早く気づくことができれば、たとえ戦力的に劣っていても勝運を呼び込むことは充分に可能なのだ。

そして④の「心理」。野球は人間がやるものだから、選手の心理状態が大きく影響するのはいうまでもない。とすれば、相手を心理的にゆさぶれば、それだけ勝つ可能性は高くなるわけだ。そのためには、相手のいやがることをすることが大切だ。奇襲をしかけたりしてさまざまなやり方でゆさぶりをかければ、相手が勝手に崩れてくれる場合もある。

幸か不幸か、私は弱いチームばかり指揮してきたので、この「流れ」をこちらに引き入れるにはどうすればいいかずっと考えてきた。それが接戦に強いという結果になって表れたのではないかと思う。

知力がぶつかりあった森西武との日本シリーズ

こうしたことに力を注いだヤクルト時代の記憶で、もっとも印象深いのが一九九二年と九三年の日本シリーズだ。相手は二回とも西武ライオンズだった。

西武の監督だった森とは「キャッチャーの地位をあげたい」とたがいに切磋琢磨《せっさたくま》した仲。私の家で夜を徹して野球について語り明かしたことも何度もあった。それだけに絶対に負けたくなかった。

まして森は選手、コーチ、監督を通じてそれまで日本シリーズで一度も負けた経験がなかったという。そのうえ、当時の西武は野手では石毛宏典、秋山幸二、辻発彦、清原和博、デストラーデ、投手では工藤公康、渡辺久信、郭泰源、石井丈裕《たけひろ》……といった錚々《そうそう》たるメンバーを擁していた。

最初の対決となった九二年。戦前の予想は日本シリーズ二連覇中の西武の「圧倒的有利」。混戦をなんとか制して一九七八年以来のセ・リーグ優勝をようやく果たしたヤクルトでは、「勝負にならないだろう」といわれた。

「よし、どっちが強いか知力の勝負をしてやろうじゃないか」

闘志を燃やした私は、さっそく相手の戦力分析に着手した。スコアラーを総動員してデータを収集し、当時近鉄の監督だった仰木からも情報を聞き出した。

ところが出てきた結果は「勝ち目はない」。たしかに戦力的には劣勢であることは明白だった。だが、弱者には弱者の、短期決戦には短期決戦の戦い方がある。それをまっとうすれば、必ず付け入る隙はあるはずだった。

ひとつの負けが帰趨《きすう》に大きく影響する短期決戦では、まんべんなく選手を使おうなどと考えてはいけない。「これとこれ」と決めたら、あとは捨てる覚悟が必要だ。その意味で私が期待していたのが岡林洋一だった。西武打線はスライダーやシュートといった横の変化には強いが、緩急を突かれると意外にもろいというデータがあった。岡林はドロンとした大きなカーブを持っている。これが有効ではないかと考えたのだ。

短期決戦でもうひとつ大事なのはベテランの使い方である。ベテランは経験があり、試合の流れを読むことができるし、チームをリードしてくれる。森もこれまでのシリーズでは東尾修をうまく使っていた。

結果は私の期待どおり、岡林は三戦に先発して三〇イニングを投げ、見事なピッチングを展開してくれた。私の意を受けて岡林の武器をうまく引き出した古田のリードも大きかった。またベテランでは杉浦亨が延長となった第一戦で代打サヨナラ満塁ホームランという離れ業を演じた。これで勢いがついたのは間違いない。

「野村の考え」が浸透して勝ち取った日本一

このシリーズは予想に反して七戦までもつれたが、やはり戦力の差はいかんともしがたかった。そのうえ、それを埋める「無形の力」がまだ完全に備わってはいなかった。先に「一に準備、二に準備」と準備の大切さに触れたが、まさしくそこが勝敗を分けることになったのである。

第七戦、一対一で迎えた七回の裏である。ヤクルトはワンアウト満塁のチャンスをつかんだ。まさに勝負どころである。相手は中間守備をとっている。バッター杉浦の打球は詰まったゴロとなり、一、二塁間に転がった。三塁走者の広沢克己《かつみ》が生還してヤクルトは勝ち越せるはずだった。

ところが、広沢は西武のセカンド辻のバックホームで憤死してしまったのである。タイミングはアウトだったかもしれないが、辻の返球は高く、もし広沢がストレートイン（真っすぐ入るスライディング）のスライディングをしていたらどうなっていたかわからなかった。しかし、広沢はそれを怠った上にスタートが遅れ二重のミスをおかし、自分で勝手にアウトだと判断し、あきらめてしまったのだ。

が、アウトのタイミングになったのも、もとを正せば広沢のこのスタートが遅れたことに原因があった。三塁走者であるならば、「ギャンブルスタート」と「状況判断スタート」と二種類がある。ギャンブルスタートはもちろん打球がバットに当たったと同時にスタートを切る。この時ライナーが飛んだ場合は仕方がないと勝負を決めるのである。広沢がそれをしていれば、ヤクルトが日本一になった可能性は高かったはずだ。それをさせられなかったところに、私のいたらなさがあった。

捲土重来《けんどじゅうらい》を期した翌年の日本シリーズ、ヤクルトは森西武の四連覇を阻止し、ついに日本一を達成した。これには、前年に得た経験と自信もあったが、やはりそのときの反省をもとに一年間、私の目指す「考える野球」を選手たちに徹底させてきたことが大きいと思っている。広沢をはじめ、選手たちはあたりまえのことをあたりまえにプレーした。

「これまでやってきたことは間違いなかった」

私はあらためて思うと同時に、監督として大きな自信を得たのだが、もうひとつの勝因として、森の考えていることが私には手に取るようにわかったこともあげられる。現役のころから何度も野球論、キャッチャー論を戦わせ、彼の発想や考え方は知り尽くしている。

まったく性格もよくわからない監督と対戦するより戦いやすかったのだ。

もちろん、それは森も同じだったはずだ。だから、おたがいが裏をかきあい、化かしあい、知力のかぎりを尽くした。この二回ほど知と知がぶつかりあった日本シリーズは、その後ないだろう。いずれも七戦までもつれた接戦だったことが、それを象徴している。

その意味で、森は監督としての私の最大にして最強のライバルだった。

長嶋にも激しい闘争心を燃やしたが、それは「あんなカンピューター野球に負けられるか」という意地にすぎなかった。

たがいを高めあう好敵手として存在を意識していたのは、やはり森だった。

だが、いまの私にはそんなライバルと呼べる監督はいない。おたがいが知力を尽くして高度な勝負ができる相手がいない。それを寂しく思うと同時に近年の野球は単純化され本来の野球のもつ深さ広さを全く感じない時代になった。

第五章　人を遺してこそ、真の名監督である

財を遺すは下、仕事を遺すは中、人を遺すを上とする

これまで「監督の仕事とは何か」「監督とはどうあるべきか」などということについて私なりに思うことを述べてきたわけだが、そのなかで何人もの「名監督」と呼ばれた人の名前があがった。

しかし「それでは名監督の条件は何か」と問われたら、正直、私にはよくわからない。誰に訊《たず》ねても答えはそれぞれ異なるのではないか。

優勝回数？　もちろん、それは大きな要素だろう。名監督と呼ばれた人のほとんどは見事な成績をあげたからこそ、そう呼ばれることになった。プロ野球は結果がすべて、「勝てば官軍」の世界だから、勝者＝名監督であることに異論をはさむ余地はない。

豊富な野球の知識とそれに基づく卓越した理論？　これも条件のひとつにはなるだろう。戦略・戦術なき名指揮官はありえない。それなくして選手に自由気ままにプレーさせても結果は出ない。監督が立案した作戦にもとづいて選手を動かさなければ、一度は勝てても勝ち続けることはできないのだ。

風格や威厳？　たしかに。名監督と評された人は、いずれもそれなりの風貌《ふうぼう》を持っていた。三原さんしかり、水原さんしかり、川上さんしかり、西本さんしかり。そこに存在するだけで独特のオーラを醸し出していた。

情熱？　これは絶対に必要だ。指導に対する情熱と選手に対する愛情がなければ、監督という仕事を遂行するのに欠かせない選手との信頼関係は築けない。

けれども――私にいわせれば、それらは名監督の「必要条件」ではあるだろうが、「十分条件」ではないと思う。

優勝回数は、やはり与えられたチームの戦力が大きく影響するし、戦略や戦術は豊富な野球知識や理論を持ったヘッドコーチに一任していた監督も少なくない。そして、名参謀が必ずしも名監督たりえないということはすでに述べたとおりである。むろん、風格や情熱だけで務まるほど監督という仕事は甘くない。

では、名監督といわれるためにもっとも必要だと私が考える条件は何なのか――。

中国のことわざにこういうものがある。

財を遺《のこ》すは下、仕事を遺すは中、人を遺すを上とする。

財産を残すより、もう一方で人を残せば業績《ぎょうせき》も財産もついてくるという意味だろう。業績を残すより、人を遺すことこそが、その人間の価値を決めるという意味であろう。プロ野球の監督も同じだ。どれだけ人材を育てたか——それこそが「真の名監督」であるか否かをはかる基準であり、最大の条件であると私は思うのである。

ただし、私のいう「人材を育てる」とは、たんに「野球選手として一人前にした」という意味だけではない。技術的に大成させたことが、必ずしも「人を遺した」こととイコールではない。

「野球選手である前に、人間として一流」といえる人材を育成したかどうかが問われるのである。

その意味で、成績を残した監督が必ずしも名監督とはいえないし、たとえ成績的にはそれほど実績を残していなくとも「名監督」と呼べる人はいると思うのだ。

監督の仕事は「人づくり」

じつは、先ほどのことわざを私が色紙にしたためたら、ファンの方から抗議がきたことがあった。

「われわれは財を残すために一所懸命働いているのに、下とはなにごとか！」

そういうことではないのである。財を遺すのはいい、業績を遺すのもすばらしい。誰もができることではない。

だが、人を遺すことはそれ以上に尊いことであり、もっとも困難なことだと私はいうのである。あえて順位をつければ、「人・仕事・財」という順番になるというだけの話なのだ。

結局、世の中全般がそういう考え方なのだろう。「財」のことしか考えない。結果しか見ない。プロセスを軽視する。大人がそういう考えだから、まっとうな子どもが育つわけがない。プロ野球の世界も同じである。監督としての人材がいっこうに育ってこない最大の理由は、まさしくここにあると私は思っている。

「監督の仕事は〝チームづくり、試合づくり、人づくり〟」――常々私はいってきた。なかでも大切なのが「人づくり」である。監督の仕事とは、それに尽きるとさえ思う。人をつくらなければ、チームはつくれないし、試合もつくれない。

人づくりとは、必ずしも野球の技量を伸ばすことだけではない。その前に、人間として成長させることが大切なのだ。人づくりとはすなわち人間教育である。そして、それはチームを率いる監督の仕事である。にもかかわらず、一二球団――いや楽天をのぞく一一球団か――の監督のうち、誰ひとりとして人間教育をしない。これでは将来監督が務まる人間など出てこないのは当然ではないか。

では、野球選手になぜ人間教育が大切なのか。

「人間的成長なくして技術的進歩なし」――私はいつも選手にそういっている。仕事と人生を切り離して考えることはできない。仕事を通じて人間は形成される。仕事を通じて人間は成長し、成長した人間が仕事を通じて世のため人のために報いていく。それが人生であり、人がこの世に生を受けることの意味だ、すなわち人生とは「人と生まれる」「人として生きる」「人として生かされる」と私は理解している。

そのように考えれば、当然野球に対する取り組み方が変わってくる。取り組みが変われば、おのずと結果も変わってくる。それが、私が「人間とはなんのために生きるのか」とたびたび選手に問いかけ、プロセスを重視する理由である。

それに、野球選手は引退後の人生のほうが長い。したがって、引退後の人生を視野に入れながら日々を送る必要がある。そのときになってあわてても遅いのだ。ところが、選手はそれがわからない。解雇されてはじめて、「なぜ引退後のことを考えなかったのか」と後悔する選手を私は何人も見てきた。

現役のころから副業に精を出せといっているのではもちろんない。野球以外の世界に放り出されても生きていけるだけの常識と覚悟を身につけておくことが大切だというのである。そして、そのときなによりも問われるのは人間性なのだ。

その人間の価値を決めるのは自分ではない。他人によってなされるのであり、他人が下した評価こそが正しい。誰でも自分に対しての評価は甘くなるからだ。そして、人間はひとりでは生きてはいけない。

とすれば、謙虚さや素直さが求められるのは当然だ。ところが、たいがいの選手は社会にふれてないから、しかも甘やかされてきているから、そうしたことに気がつかない。であるならば、監督は選手たちにそれを教えなければならないのである。「人づくり」が監督の仕事でもっとも大事だというのは、そういう理由なのだ。その意味で、いくら野球の技術や知識にすぐれていても、人間教育ができなければ「名監督」と私は呼びたくはないのである。

己を過信すれば成長は止まる

その点で私が最大の名監督と思っているのが川上哲治さんだ。以前にも述べたが、川上さんは選手たちの人間教育に非常に力を注いだ。「ほかの社会に入っても、さすがはジャイアンツの選手だといわれるように、バカにされない人間にしておきたかった」という思いで……。

V9時代の選手の多くがのちに監督になっていることを見てもわかる。あのON、すなわち王と長嶋でさえ特別扱いしなかったことに表れている。川上さんはONであっても叱るべきときはピシッと叱ったという。並の監督であれば、スター選手にはどうしても遠慮してしまうものだ。ましてスーパースターともなれば、つい見て見ぬふりをしてしまう。だが、川上さんはONであろうと、〝天皇〟と呼ばれた金田正一さんであろうと、容赦しなかった。

「両雄並び立たず」とよくいわれるが、スーパースターというものはとかくわがままで、お山の大将でないと満足しない。

そして、チーム内にふたりの大将はいらないと考える。そのエゴが衝突し、派閥ができる。そこからチームが崩壊していくケースはたくさんある。

けれども、川上さんの時代の巨人にはそれがあてはまらなかった。これも、川上さんがONを特別扱いしなかったことが大きいと私は思っている。川上さんは、ONに対しても厳しく「人の道」を説いたからだ。だからこそONは、グラウンドだけでなく、すべてにおいてほかの選手の模範となった。チームの鑑《かがみ》となった。両雄が並び立ったのではない。川上さんが並び立たせたのだ。またシーズンオフに、福井県の永平寺にこもっていつも修行されていたのも立派である。

また、川上さんは「感謝の心」を重視した。それは、次の言葉に表れている。

「人はつい自分ひとりで生きていると錯覚しがちだが、決してそうではない。他人からの恩恵をさまざまなかたちで受けている。野球選手も同様だ。成績をあげるためにはほかのチームメイトの協力がなければならない。満塁ホームランはランナーが三人いるから生まれるし、完封勝利は野手がしっかり守ったからこそ実現する。自分が打った、投げただけではないのである。さらに裏方さんの存在なくしてチームは運営できないのです」

よくいわれるように、「人」という字は、「人は支え合わなければ生きられないこと」を意味している。また、「人間」という字は、「人の間」と書く。「人のあいだにあってこそ、人のためになってこそ、人間と呼べる」のだと私は解釈している。

こうしたことは、「他人があってはじめて自分も存在する」という謙虚な気持ちを持つことの大切さを教えてくれているのだと私は考えている。

ところが、プロ野球選手というものは、とかく「自分の力だけでうまくなった」「自分の力で勝てた」と考えがちだ。とすれば、監督は選手たちに謙虚さや素直さを持つことの大切さをきちんと教える必要がある。己を過信した時点で思考は止まり、成長もできなくなる。選手が自分を過信しているならば、それを正さなければならない。それが「フォア・ザ・チーム」の精神を形成することにもなるのである。

もうひとつ、川上さんには淡口憲治（現ヤクルト打撃コーチ）という左バッターのことを「親孝行だから大成する」と評したというエピソードがある。それを聞いたとき、私は「もっともだ」と感じ入った。

親孝行ならば、なんとか野球で成功して給料を上げてもらい、親に恩返しをしたいと考えるはずだ。それが大きなモチベーションになり、真剣に野球に取り組むだろう。当然、それだけ大成する可能性は高いのは道理である。〝感じる力〟のもとは親への感謝からはじまると思っている。その証拠に一流選手の共通点に親孝行というのがある。

事実、私がプロに入ったのは大金を稼いで貧乏から抜け出し、私に野球をやらせてくれた母と兄を楽にしてやりたいと思ったからだ。そのためには、なんとかして一軍に上がり、レギュラーになる必要があった。

だから私は人の倍以上バットを振ったし、もっと打てるようになるにはどうすればいいか、徹底的に考え抜いた。その気持ちがいまの私をつくったといっても過言ではない。

いまの若い選手に本当の貧乏の経験はない。したがって、ハングリー精神をモチベーションにするにはどうすればいいか、いつも思案している。だから監督は若い選手たちにあえてそういう環境をつくってやらなければならない。野球を通じて人格が形成され、高い人間性が備わらなければ満足できる仕事をできないのだということを教え込む必要があるのである。

無視・賞賛・非難

人をつくるためには、「自由にのびのび」だけではいけない。最近はなにより「ほめる」ことが指導の要諦《ようてい》だとされており、私も若い選手をずいぶんとほめるようになったが、基本はやはり「叱る」ことに置いている。

プロ野球選手は、いわばエリートである。野球の才能だけで、学生時代からたいがいのことは大目に見られてきた。それが当然だと思っている選手も多い。そのうえ、プロの選手というだけで、ファンからちやほやされる。若く、したがって人間としてできあがっていないうちからそんな扱いを受ければ、増長し、勘違いしないほうがおかしい。

そうならないためには、一度彼らのそれまでの価値観を破壊する必要がある。「それでは社会で通用しないのだ」と理解させる必要があると思うのだ。

だから私は叱る。叱られたことに対する反発を「なにくそ！」というエネルギーにし、同時に「なぜ自分は叱られたのだろう。何がいけなかったのだろう」と考えてみることで、選手は人間としても成長できると考えているからだ。

「いや、そんなことをしたらいまの若い人はついてきません。シュンとなってしまいます」

そういわれるかもしれない。それが現実なのだろう。

だが、選手たちはプロなのである。実力がすべてなのだ。自分自身の力で這《は》い上がらなければいけないのである。同世代の人間よりいい給料ももらっている。それなのに、そんな甘っちょろい考えで許されるわけがない。叱られたくらいでシュンとなっていては、そもそもプロとして生きていくことは不可能なのだ。

とはいえ、叱るだけでは人は育たないのはいうまでもない。タイミングを見て、ときにはほめなくてはいけない。叱るからこそ、ほめることが大切なのだ。

これは私の体験でもある。前にも触れたが、プロに入って三年目のハワイキャンプのあと、鶴岡監督の「唯一の収穫は野村に使えるメドが立ったことだ」という談話と、レギュラーに定着したころにさりげなくいってくれた「ようなったなあ」というすれ違いざまのひと言。ふだんは叱られる一方だったので、ものすごくうれしかった。

「ああ、監督はやっぱりおれのことを見てくれていたんだ」

私は感激した。あのふたつの言葉があったからこそ、私はプロでやっていくことができたのだ。

「人間は、無視・賞賛・非難の段階で試される」という。箸《はし》にも棒にもかからない状態では徹底的に「無視」。少し希望が見えてきたら「賞賛」。そして、一人前と認められるようになったら「非難」する。そのようにされて人は成長していくのだと……。まさに私はその原則通りの道を歩んできた。

いま振り返ると、鶴岡さんの私に対する接し方は――意識的だったのかはわからないが

――まさしくそれだった。テスト生上がりで、まったく期待できない段階ではいっさい「無視」。ハワイキャンプで結果を出し、一軍に上がって少しだけ光明が見えてきたら「賞賛」。そして、正捕手として、四番としてチームをリードする立場になってからは、徹底的に「非難」された。

「おまえは二流のピッチャーはよう打つけど一流は打てんのう」

悔しかった。だが、「非難されるのは、それだけ期待されているからだ」と私は考えた。「その期待に応《こた》えられない自分の力が足りないのだ。期待されているうちは、まだ伸びる可能性があるのだ」と信じた。その期待に応えるために、これまで以上の努力をする必要があると思った。私が選手としてそれなりの実績を残し、監督としていまなおグラウンドに立てているのも、「無視・賞賛・非難」のそれぞれの段階で、その意味を考え、どうすればいいのか自問自答し、自分を叱咤《しった》したからだと思っている。

人はプロセスでつくられる

だからこそ、結果よりもその過程、すなわちプロセスが重要だと私は考える。

プロ野球は、たしかに「勝てば官軍」の世界。結果がすべてである。多くの監督が選手をほめておだてて気分よくプレーさせたり、他球団の有力選手をかき集めたりするのは、ここにも理由があり、だから、極端にいえば私生活がどうであろうとグラウンドで成績を残せば選手は何もいわれない。

しかし、結果の裏側にはプロセスがある。よい結果というものは、きちんとしたプロセスを経るからこそ生まれると私は信じている。よい結果を出すためには、どういうプロセスをたどるかが非常に重要だと考えている。きちんとしたプロセスを経ないで生まれた結果は、それが数字的にどれだけすばらしいとしても、たまたまだ。ほんとうの実力ではない。

「鈍感は最大の罪」と私はしばしば口にする。感じる力を持っていなければ、眠っている素質を開花させることはできないし、技術的にも精神的にもそれ以上の成長はありえない。だから「感性を磨け」と常日頃から選手にいい聞かせているのだが、感性にすぐれた選手は必ず伸びる。これは私の長年の監督生活でわかった真理である。

これを監督の立場から考えれば、いかに「気づかせるか」が大切だということになる。すべて教えてしまっては、選手は気づかないし、気づく力を獲得することもできない。「監督は気づかせ屋」であると私がいっているのは、ここに理由がある。

監督は、ヒントを与え、選手が自分自身で気づくよう仕向けなくてはならない。そうすることで「何が悪いのか」選手は考える。「どうすればよくなるのだろう」と試行錯誤する。その過程で技術が進歩し、人間としても成長していくのである。まさしく「人はプロセスでつくられる」のだ。

おわりに

「人を遺《のこ》してこそ、名監督である」

私はそういった。その意味でも川上さんは偉大だったとあらためて思う。選手として、コーチとして川上さんの薫陶を受けたなかから、藤田さん、森、長嶋、王が監督として日本一になっているし、高田、土井、堀内も巨人やほかのチームの監督として迎えられた。コーチになった人間となれば、それこそ枚挙に暇《いとま》がないだろう。

「名監督」と呼ばれるほかの誰がこれほどの人材を残したか。その意味でも川上さんの偉大さにあらためて感じ入るのである。

でも、ちょっとだけ自慢をさせてもらえば、私のもとで選手やコーチをしていた人間も、けっこういろいろなところから引き合いがある。

残念ながら、古田の人間教育には失敗してしまったようだが、土橋勝征《どばしかつゆき》と飯田哲也を筆頭にヤクルトのコーチには当時の選手が多いし、池山と橋上は楽天でコーチを務めている。とくに池山は将来の監督候補といってもいいのではないか。また、宮本慎也は間違いなく近い将来ヤクルトの監督になるだろうし、打撃コーチだった伊勢孝夫は韓国のプロチームでヘッドコーチとなった。小早川毅彦《こばやかわたけひこ》もいまは広島の打撃コーチを務めている。

また、シダックスでプレーしていたアントニオ・パチェコはキューバ代表の監督、オレステス・キンデランはそのもとで打撃コーチ。そして、じつは息子のカツノリまで、なんと巨人から「指導者として来ないか」という誘いがあった。

その意味では、私の人づくりはそれなりの評価を受けているらしく、これまで指導してきたことはあながち間違っていなかったのだなと思っている。

ただし――今回「監督の仕事とは何か」「監督の備えるべき条件とは何か」などということについてあれこれ考えながら本書をしたためているうちに、私は慄然《りつぜん》とさせられた。

「このごろおれは監督としてさぼっているな」

そう強く感じたのである。

プロ野球の監督としてあるべき姿を考えていく過程で、最近の自分がいかにそれとかけ離れたことをしているか、思い知らされたのだ。

池山と橋上がヤクルト時代の私を評して、「あのころは、怖くてそばに近寄れなかったですよ」と語っていたことは前に述べた。ところが、いまの楽天の選手たちは私と友だち感覚でいるようだ。いや、ちょっと小うるさいおじいちゃんか……。いずれにせよ、監督の条件のひとつである「威厳」や「怖さ」に欠けているのは間違いないようだ。

「これではいけない」

あらためて私は思った。そして、こう心に誓った。

「もう一度、自分が監督たる資質をほんとうに備えているのか自問自答し、理想の監督となるべく、いっそうの精進をしていかなければならない」

本書のはじめのほうで書いたように、監督の最大の敵は「自分自身」だと私は思っていた。にもかかわらずいま、つい楽な方向に流れそうな自分自身に負けかけている。そのことにあらためて気がついた。

二〇〇九年、私は東北楽天ゴールデンイーグルスでの四年目を迎える。最初の契約は三年間だった。そこまでに結果――最悪でもAクラス――が出なかったら、潔く辞めるつもりでいた。

「一年目は土を耕し、二年目に種を蒔《ま》き、三年目に花を咲かせる」

そう宣言したからである。ご承知のように、残念ながらそれはかなわなかった。まだまだ選手たちに「野村の考え」を浸透させることができず、当然実践もできなかった。その責任は、いま述べたように、選手よりもむしろ私にあったのだ。

だが、幸せなことに楽天球団からもう一年続投を要請された。いわば〝おまけの一年〟である。次期後継者の育成も要請された。今年こそ最後の一年である。絶対に結果を出さなければいけない。

そうしなければ、私がこれまで述べてきたことは、説得力を失ってしまう。自分自身を叱咤《しった》し、打ち勝たなければならないと、あらためて気持ちを引き締めているところである。

そして最後に。

これまで偉そうなことをずらずらと書き立ててきた。もちろん私は、いまいったように自分が掲げる理想を完全に実践できているわけではないし、そもそも自分の考えていることが正解なのかもわからない。

したがって、これまで述べてきたことは、あくまでもこれまでの私の選手および監督経験から導きだされたとりあえずの回答でしかないということをご理解いただきたいと思う。たぶんに誤解や勘違いもあると思うし、諸先輩方からは異論や反論もあるに違いない。

「監督とは何か」——おそらく私は、残り少なくなった生涯をかけて、その答えを探していくことになるのだろう。

野村克也（のむら・かつや）

1935年、京都府生まれ。54年、京都府立峰山高校卒業。南海（現福岡ソフトバンク）ホークスへテスト生で入団。3年目に本塁打王。65年、戦後初の三冠王（史上2人目）など、MVP5度、首位打者1度、本塁打王9度、打点王7度。ベストナイン19回、ゴールデングラブ賞1回。70年、監督（捕手兼任）に就任。73年パ・リーグ優勝。のちにロッテ・オリオンズ、西武ライオンズでプレー。80年に45歳で現役引退。通算成績2901安打、657本塁打、1988打点、打率.277。90年、ヤクルトスワローズ監督に就任、4度優勝（日本一3度）。99年から3年間、阪神タイガース監督。2002年から社会人野球・シダックスのゼネラル・マネジャー兼監督。03年都市対抗野球大会で準優勝。89年、野球殿堂入り。06年度、東北楽天ゴールデンイーグルス監督就任。「生涯一捕手」が座右の銘。

ああ、監督《かんとく》
——名将《めいしょう》、奇将《きしょう》、珍将《ちんしょう》

野村克也《のむらかつや》

二〇〇九年二月十日　初版発行

発行者　井上伸一郎
発行所　株式会社角川書店
東京都千代田区富士見二―十三―三
〒一〇二―八〇七八
電話／編集　〇三―三二三八―八五五五
発売元　株式会社角川グループパブリッシング
東京都千代田区富士見二―十三―三
〒一〇二―八一七七
電話／営業　〇三―三二三八―八五二一

http://www.kadokawa.co.jp/

装丁者　緒方修一（ラーフイン・ワークショップ）
企画協力　メディアプレス、藤田健児
印刷所　暁印刷
製本所　BBC

角川oneテーマ21　A-94

ISBN978-4-04-710183-8 C0295